輸給怒氣的人
活用怒氣的人

（日本怒氣管理大師）
安藤俊介 著
婁美蓮 譯

方舟文化

我們一生的朋友——A先生與B先生

曾經，有A、B兩位上班族任職於同一家公司。

且讓我們看看A先生的一天是怎麼度過的——

清早起床前往公司的途中，被趕時間的上班族從後面撞上，而且那個人連一聲「抱歉」都沒說就揚長而去。

「搞什麼鬼！」A先生的心中老大不爽。

好不容易來到車站，發現電車竟然因為事故的影響誤點了。電車遲遲不來，焦急的他在月台上等著，心裡不禁嘀咕：「真是的，怎麼還不來啊！」

終於電車來了，不過擠得像沙丁魚罐頭。不管三七二十一，他也擠上塞滿人的電車，一路折騰趕抵公司，卻還是遲到了十分鐘。不得已，只好拿著

「誤點證明」去跟上司報備。

結果，竟換來上司的冷嘲熱諷：「你要是早點出門不就好了嗎？你啊，做事總是毛毛躁躁的，能不能從容一點啊？」

感覺理智線快要斷掉的A先生，沒好氣地說了聲：「對不起！」轉頭便離開了。

「怎麼今天淨遇到一堆破事？」他一邊回想一邊工作，這時忽然客戶打電話來，說要變更交貨的日程表。

交貨日程一旦改變，會牽涉到好幾個部門，還會多出好幾道手續。

雖然不是很樂意，但對方是客戶，只好按捺住心中的不爽，答應說：「我知道了，我會照辦。」

在跑變更流程時，必須麻煩到其他部門的同事，同事的反應超大的：「什麼！又要改？煩不煩啊！」

「有什麼辦法！是客戶說要改的。你以為我很喜歡改嗎？」A先生氣沖沖地拋下這些話就走了。

就這樣，A先生一整天都抱著很不好的情緒在工作。終於下班的時間到了，在回家的電車上，他又想起上司和客戶的嘴臉：

「那個上司，淨會說風涼話！」

「那個客戶，成天改東改西！真是的，以為大家都跟他一樣吃飽沒事幹嗎？」心頭一把火又燒了上來。

回到家後，太太在一旁叨唸著一些無關緊要的事……

終於他忍不住大聲斥喝：「吵死了！我上班很累了，妳可不可以讓我安靜一下？」

＊＊＊＊＊

另一方面，B先生的一天又如何呢？

清早起床前往公司的途中，被趕時間的上班族從後面撞了上來，而且那個人連一聲「抱歉」都沒說就揚長而去。

「是有那麼急嗎？」當下他心中這麼想，不過，馬上轉換了思緒：「今天要從哪件工作開始做起呢？」他邊走邊構思著今天的工作流程。

好不容易來到車站，電車竟然因為事故的影響誤點了。

「電車不來也沒有辦法。」他心想：「反正平常運動量不足，乾脆今天就多走一點路，去別條路線的車站坐車吧！」

就這樣，他離開了班車誤點的電車站，沿路欣賞著不同的風景，感覺很新鮮，腦袋似乎也變得靈活起來。

終於，他走到了另一條路線的車站，搭上了電車。可是抵達公司的時候，還是遲到了十分鐘，於是他拿著「誤點證明」去向上司報備。

沒想到，上司竟對他冷嘲熱諷一番：「你要是早點出門不就好了嗎？你啊，做事總是毛毛躁躁的，能不能從容一點啊？」

當下他很生氣，但還是正經八百地鞠躬、道歉：「不好意思，以後我會多注意。」說完才離開。

「這個上司好囉嗦，逮到機會沒唸員工幾句心裡就不舒坦。算了，別跟他計較。」「不過他說我應該要『早點出門』，這句話似乎也有幾分道理，下次就這麼做吧！而且，偶爾像今天這樣換條路走也不錯呢！」

B先生整理了一下自己的情緒，想起今天上班走過的那條新鮮路，整個人心情不禁開朗起來，立即開始著手一天的工作。這時，客戶突然打電話進來，說要變更交貨的日程表。

交貨日程一旦改變，會牽涉到好幾個部門的作業，多出好幾道手續。

當下，B先生心裡是有一點生氣，但隨即想到：「工作嘛，客戶要求變更是難免的。」於是，他很爽快地答應對方，說會遵照辦理。

不過，變更確實挺麻煩的，這也是不爭的事實。「交期要變更的話，必須有其他的部門配合。如此一來，勢必得付出更多的人力和成本，因此，希望下次您能盡量不要改變日程，好嗎？」他禮貌且平和地向對方說明自己這邊的立場。

在跑變更流程時，不得不麻煩到其他部門的同事，同事的反應超大：「什麼！又要改？煩不煩啊！」

「歹勢啦，是客戶臨時要求的。再麻煩你了，請幫幫忙！」他一邊出言安撫，一邊誠懇地向對方拜託。

就這樣，B先生不慌不忙地把一天的工作處理完。終於下班的時間到了，在回家的電車上，他把今天需要改進和值得嘉許的地方想了一下，然後期待起晚餐的菜色：「今天不知有什麼好料？」

回到家裡，不知怎麼的，太太今天的話特別多，東扯西扯得沒完。

他忍不住嘀咕：「今天真是漫長的一天啊！」但繼而轉念一想：「太太一個人在家，應該很無聊吧！」也就耐著性子把話聽完了。

所以，您覺得A先生和B先生的人生，哪一個比較有建設性，感覺充實且幸福呢？

真火大！

該如何讓「怒氣瞬間消失」？

「有技術的生氣」，能讓人生多出三倍力量！

您好，我是日本怒氣管理協會的代表理事安藤俊介。

「怒氣管理（Anger Management）」這個詞您可能聽起來很陌生，讓我來簡單說明一下：

怒氣管理是一門「和怒氣好好相處」的心理訓練。英文的 Anger 翻成日文就是「怒」，也就是「生氣」的意思。

我第一次認識到「怒氣管理」是在二〇〇三年的時候，也就是十幾年前。當時我人在美國紐約工作，那個時候的我，很討厭自己「動不動就生氣」的毛病，一點小事就可以把我惹毛！我不解：「為什麼生活中盡是讓人生氣的事？」有時我甚至會失控地勃然大怒，這讓我的人際關係變得非常緊張。

當時的我，簡直就是前面故事裡的A先生，可說是完全「輸給了怒氣」。因此，當我初次得知怒氣是可以管理的時候，心中很是震撼。

就是想發怒！「奴」役「心」靈的情緒毒品

如果能先從理論上來了解「憤怒」這種情緒，應對起來就會比較容易，不會任由自己深陷泥沼而無法自拔。「竟然有這樣的理論和技巧！」當發現**怒氣可以經由系統性的方法來疏導和轉化時**，我頓時有種茅塞頓開的感覺。

於是，我二話不說馬上報名了怒氣管理的研討會，努力學習一陣子後，果然生氣的次數越來越少，我真實地感覺到自己已經變成「不會生氣」的人了，也了解到「憤怒要怎麼去表現」會比較好。

研討會結束後，我又繼續在該協會取得「facilitator（指導員）」的資格，那個時候的我就像B先生一樣，已經完全「不會輸給怒氣」了。

是的，故事裡的A先生和B先生，都曾經是我。

因此，我可以大聲斷言：若說誰比較成功、有建設性，活得比較充實且幸福，肯定是B先生。

當個「受氣包」，忍出病來問題還是在……

因為學習了怒氣管理，我的人生徹底翻轉。二〇〇八年回到祖國日本之後，我開始致力於推廣怒氣管理的方法，展開一連串的研討活動。皇天不負苦心人，如今「怒氣管理」這個詞，就連不善於發怒的日本人也耳熟能詳了。

二〇一一年日本怒氣管理協會正式創立，隨著組織不斷地成長、擴張，截至二〇一五年為止，已經擁有約三千名的講師。這段期間，我舉辦演講、研習、寫書、寫專欄、上電視接受訪問，不放過任何可以宣揚怒氣管理的機會。也因此，我看到太多因為「憤怒」這種情緒而感到苦惱的人，心中感觸頗深。

首先，不管怎麼樣，我們要盡量避免為了小事感到煩躁。

就算是小小的怒氣，日積月累之下，也會對人生產生重大的影響。

電車不來，結帳的隊伍很長，下屬不聽話，上司不講理……這些事情要是都要計較、都要生氣的話，肯定會把自己累得半死。情況嚴重的話，甚至會引發衝突，導致人際關係出現裂痕，或是丟了飯碗，誤了前途。對自己、對身邊的人都不是好事。

「那我想辦法『不要生氣』不就好了嗎?」肯定有人會這麼想,偏偏事情沒那麼簡單。

如果不管遇到什麼事都忍住「不生氣」,會造成怎樣的後果呢?

很多人都把怒氣「壓抑著」,敢怒不敢言。這樣做,只會造成自己的負擔和壓力,長期下來的結果,就是把身體搞壞了,或是得到憂鬱症之類的心理疾病。

不僅如此,那種負擔和壓力,還會帶來另外的傷害:

前面故事裡的A先生,因為被上司挖苦和被客戶刁難,感到心裡不愉快,當下他把怒氣強壓了下來,最後卻發洩在同事和妻子的身上。很多人都跟A先生一樣,遇到生氣的事只會一味隱忍,直到忍不住了,才把怒氣發洩在親近的家人或比自己弱小的人身上,使他人遭受無妄之災,引發更多的糾紛和問題。

不擅長表達怒氣,或是讓怒氣一再累積的人,都算是「輸給怒氣的人」。

「用氣」不「動氣」，讓怒火成為正能量

對於天天發生，卻又總是被忽略的生氣現象，我必須再強調一遍：「亂發脾氣」只會讓自己和周圍的人覺得很累。尤其為了莫名其妙的小事生氣，只是在浪費自己的時間和力氣而已。

但，話又說回來了，如果該生氣時沒辦法適切地表達出來，對你的人生而言，又何嘗不是一種損失呢？

這種情形，在日本人身上尤其普遍。

前陣子，有一部連續劇很紅，其經典的台詞就是：「一旦被整，必定加倍奉還！」看到這齣戲紅到幾乎成為一種社會現象，我心裡是這麼想的：「日本人啊，就算心裡氣到快吐血了，也沒辦法巧妙地把怒氣表達出來。因此，看到主張『加倍奉還！』的男主角，才會覺得很痛快吧？」

我還注意到最近大家很流行分派──你是「會生氣」、「有仇必報」的一派；還是「不生氣」、「與人為善」的一派？在我看來，這樣區別實在很沒有意義。

「生氣」或是「原諒」，本身並沒有對錯。該生氣時生氣，能原諒時原

諒，這樣才是正理。

我始終覺得，相較於美國人，日本人就是「不敢生氣」，該生氣時不生氣，拼命地把怒氣壓下來……。

在教導美國人做怒氣管理的時候，情況正好相反，我都會先說明如何才能「不生氣」，因為他們普遍都「很容易生氣」。其實，不光只有美國人這樣，同樣都是東方人，中國人的性格就比較接近美國人，心裡不高興就會講出來；相對來說，「敢怒不敢言，習慣忍氣吞聲的日本人」用世界的標準來看，還真是奇葩。

未來，全球化的腳步只會越來越快。各項發展超越國境，人與人的交流將更加頻繁，在這樣的趨勢下，不擅長表達怒氣的日本人該如何自處呢？

忍氣吞聲，該生氣時生不了氣，只會讓對方產生誤解，或是得寸進尺，以為你好欺負。因此，一味地壓抑怒氣，並沒辦法真正解決問題，反而可能使雙方認知越來越分歧、不平等的狀態越演越烈。

「掌握時機、正確表達怒氣」，才是遇到問題時正確的做法。

像前面A先生和B先生，遇到「客戶臨時改變交期」的事也就算了，但是，如果是更大的事呢？比如說，身為上司，面對客戶的無理要求，這時如果還默不作聲的話，會招致怎樣的後果？

往往結果就是：上司和下屬一起累得半死，增加工作成本，更嘔的是，客戶還以為你很樂意呢！

我這樣說不是要你「突然對客戶發飆，讓他下不了台」。我想提醒的是：面對無理的要求卻一味隱忍，只會讓自己產生嚴重的內傷以及不必要的損失。

捍衛自尊底線，學會「理直氣壯的技術」

日本人經常把「知足常樂」、「隨遇而安」這兩句話掛在嘴邊，把它視為一種美德。

這些本是神職人員用來規勸世人的道德警語，對慾望無限、身在福中不知福的人而言，確實有當頭棒喝的效果。然而，對於身陷困境、被不合理對待，以及本來就處於弱勢的人來說，要他們做到這些，實在有些不適當。因為，這些警語對於改善現狀，一點幫助也沒有。

對於為了一點薪水，從早忙到晚的人；被上司以權勢欺壓，苦不堪言的人；被他人惡意攻擊，無辜受害的人，這些人大可不必管什麼「隨遇而安」的高調。

如果能具備「正確表達怒氣的技巧」，可說是再好不過了。在適當的時候把怒氣表達出來，主要目的是在告訴對方：「你這樣我們沒辦法共事」、「按照這樣的條件，我們會賠錢」、「你的做法侵犯到我的權益，讓我的身心飽受摧殘」等等。

同時，也是把「我很痛苦」、「我很辛苦」、「我受不了了」的感受，真誠傳達給對方知道。

在我看來，把上述這些想法和感受適切地表達出來，是作為「活用怒氣的人」不可或缺的技術，其中牽涉到四種重要的實踐原則：

● **活用「情緒的煞車」**——盡可能趨緩自己焦躁不安、動不動就生氣的情況。當問題發生時，立即提醒自己：「先冷靜下來」，思考這股怒氣該如何表達出去。

● **生氣也要「有品」**——聚焦在正確的人事上，重心放在尋求解決的對策。不要把長久積壓的怒氣，發洩在比自己弱小或無力抵抗的人身上。

- **從「怒」轉為「努」**——當你察覺自己心中有怒氣蠢蠢欲動時，要學會去轉換它，把它變成激勵自我、努力奮鬥、有建設性的能量。
- **「不慍而威」的溝通**——不要用怒氣來嚇人，善用精準的措辭、堅定而禮貌的眼神、口氣等技巧，與對方進行有效的溝通。最好能利己而不傷人，甚至達成雙贏。

我想，當前社會最需要的人才，就是能做到以上這些「活用怒氣」技巧的人。為什麼要強調「當前」呢？理由有三項：

導火線①——現代人「都很忙」

日本少子高齡化的情況日趨嚴重，很多國家也同樣邁入人力走下坡的時代，造成少數人必須完成大量的工作。這情況不只職場如此，現階段不論男女，大家都得一邊工作一邊養兒育女、照顧父母，處於「家庭、事業蠟燭兩頭燒」的窘境。在這樣的情形下，「忙」往往會成為疲勞、煩躁、生氣的主要原因。

導火線②——科技發達「等不得」

科技的發達，讓我們的生活變得舒適、方便；但相對的，我們對「不舒服」、「不方便」的忍耐力也大大降低了。

看看你的四周，是不是有那種對方沒有馬上回信就發火的人？電車誤點、飛機不飛就坐立難安的人？還有，一旦在號稱便利的便利商店買不到自己需要的東西，就碎碎唸個不停的人？科技與商業的發達，導致人們對不舒服、不方便的忍耐力降低了，而這也是造成不滿、不愉快的主因。

導火線③——全球化「摩擦多」

引發「怒氣」的原因，很多時候是來自於「價值觀不同」或「生活習慣的差異」。

譬如說，您出國旅遊的時候，是否曾經因為國外的交通工具比較不準時，而特別感到心浮氣躁？或是因為飯店、餐廳的服務態度不好而忍不住火冒三丈呢？

和價值觀、習慣不同的人溝通，往往會讓我們很火大。今後，全球化的腳步還會越來越快，可以預見的，我們會有很多機會得和價值觀、習慣跟我們不同的人溝通。如果不具備包容力、同理心等「打破彼此差異」的良好溝通技巧，想必生氣會是常有的事。關於這點，本文會再詳述。

一本書閱讀指南一

本書主要有兩個重點，除了想盡量幫助讀者達到「不想再亂發脾氣」、「善於表達怒氣」而提供學習法則之外，更針對置身日本和壓抑型的人士，如何能成為一個「活用怒氣的人」多所著墨：

第一章

重點在於思考「輸給怒氣的人」和「活用怒氣的人」之差異時，我個人重要的發現和體會。

第二章

本章將告訴大家如何才能把焦躁不安、動不動就生氣的情形「降到最低」。

說實在的，為了雞毛蒜皮的小事生氣，不過是浪費時間和體力而已。如果可以的話，請盡量減少生氣的次數。如果每天都為了小事生氣，就好像得了花粉症，只要一點兒花粉就隨時會引起你的反應，這類似過敏的症狀，會使人生疲憊不堪。因此，得有方法改善你的「情緒體質」。

第三章

當你感到極度憤怒，或怒氣不斷累積的時候，你要如何應對、處置才好？你要如何看待、理解自己的怒氣？如何把怒氣引向有建設性、健全的方向，並讓這股能量為己所用？本章將提出最積極的怒氣管理、轉化、善用之具體做法。

第四章

如果應該主張自己的權益時不主張，損失的是你自己。本章針對日本人的通病「敢怒不敢言」，明確提出應對的解決之道。表達怒氣不是鼓勵你「亂發」脾氣，「表達技巧」非常重要。今後我們面對的是更多元的社會價值觀、更快速的全球化生活，「適切地表達怒氣」將成為必備的能力。

第五章

本章將探討為了成為能夠「活用怒氣的人」，我們平常必須把怎麼樣的思維和習慣納入生活裡面，將強大的人性本能——怒氣，變成一股幫助人生更加成功的動力。

長年來我在實踐本書所寫的內容過程中，很慎重地把類似「心得」的部分也記錄了下來，希望能提供讀者更具體的經驗參考。

「輸給怒氣的人」、「活用怒氣的人」，哪一種人是你想要變成的樣子？

「我想成為活用怒氣的人。」若本書對於這樣回答的你有所幫助的話，實屬萬幸。

安藤俊介

第1章

認識你的「情緒體質」：

「輸給怒氣的人」和「活用怒氣的人」有何差異？／029

第2章

● 情緒傳染病，「距離」是最好的疫苗／080
一開始，就不要接近充滿焦慮氛圍的場所
● 卸除生活的「義肢」／083
一天不帶手機，讓自己習慣不方便
● 是脾氣壞，還是身體壞了？／086
「健康管理」也是怒氣管理的一環，累了就要休息
● 先試試，再決定是否說「No」／089
杜絕「先入為主」的成見，可減少被激怒的機會
● 鬥志的燃料——「逆來」何妨「順受」／092
把不負責任的批評，轉換成正向積極的意見

第3章
孰不可忍？勇敢把氣抖出來：
覺得極度憤怒，或怒氣不斷累積的時候／097

● 好勝勇猛？還是「以生氣掩護」脆弱的玻璃心／098
了解「大概知道吧」和「正確理解」的差異 ★【情緒QA：「氣得要死」抓妖鏡】
● 怒氣現形——檢視情緒歷史的脈絡／101
像寫動物觀察日記一樣，記錄自己的怒氣
● 為何老是跟「自己人」嘔氣、發飆？／104
去覺察怒氣深層那個「想被了解」的渴望

● 吭出氣、冒出火藥味，以行動激發熱血的練習／138
實際生氣一次看看，體驗「想生氣時，真的生氣也沒關係」的感覺★【降低發怒門檻】

● 別用「複習生氣」來苦惱自己／141
「抱怨」是在腦子裡重現不開心的事情，盡量不要抱怨

● 拐彎抹角「演」得辛苦，但別人看懂嗎？／143
不要再藉由煩躁不安來表達自己的辛苦

● 碰上「鳥事」，勇敢使用你的「生氣權」／146
要有「就算生氣也會被原諒」的自信

● 具體約定，是最中肯的原諒／149
改進要項一定要註明「下次開始」，說清楚講明白

● 「說服力」比「攻擊性」更能打動人心／152
練習在短時間內找到精準的表達詞彙★【發飆模擬：與「假想敵」溝通演練】

● 氣極時，仍為對方保留「尊嚴」／156
以「我」為主語表達不滿，意在溝通，不在壓制

● 選擇「生氣」或「不生氣」，都會產生贏家／160
沒有結論的反省，不如努力創造選擇後的結果

第1章

認識你的「情緒體質」：

「輸給怒氣的人」和「活用怒氣的人」有何差異？

當一股火氣湧上心頭，你通常會即刻爆發？
或捏著大腿默默吞忍？不同的生氣習慣，
會為我們創造不同的人生。

「火大」的時候，火該多大？

不容易被怒氣牽著鼻子走的人，擁有不可動搖的信念

二〇一五年的年底，我所擔任代表的日本怒氣管理協會舉辦了「怒氣管理大獎」，藉由問卷調查等方式，讓大家票選出「心目中最擅長控制、處理怒氣的名人」。

第一屆票選的結果，得獎的是職業足球員三浦知良先生。

他之所以獲獎的理由，主要是因為下面這段小插曲：

在談話性節目「Sunday Morning」擔任來賓的棒球評論家張本勳先生，曾對效力於日本J2聯賽的知良先生公開喊話說：「別再踢了，也該把位子讓給年輕人了。」當時知良先生四十八歲。此話一出，立刻引來媒體的爭相報導，說什麼知良先生年紀也不小了，所以這是在「勸他退休嗎？」之類的討論。

被問到對此發言有何感想時，原以為知良先生的反應會很大，他卻說了以

下的話：

「我會把這番話當作是促使自己成長的養分。」「好好幹！他這是在督促我啊！我還記得張本先生和王貞治先生一同活躍於巨人隊時的盛況，被這樣的前輩激勵，我會加倍努力。」（朝日新聞二〇一五年四月二十日）

這成熟的回應，贏得眾人的一致好評。結果，下次再上節目的時候，張本先生便改口了，他說：「一般人碰到這種情況肯定會要求道歉。沒想到知良先生竟然能如此解讀我的發言，真是了不起。」因此，他不但收回之前講的話，更當場承諾說：「退休的事由知良先生自己決定，反正我會永遠支持他就對了。」

知良先生對這件事的表現，也給我上了寶貴的一課。

他所做的，不僅是「對於對方無理的言行（張本先生的批評）不生氣」而已，也不是進一步「把怒氣轉化成正面能量（把生氣的力氣拿來踢足球）」這麼的簡單。他所做的，是讓「惡意批評他的人，轉而支持他」，他讓張本先生變成了他的粉絲。

無理的發言也好，不友善的態度也罷，知良先生竟然四兩撥千金地就把敵人變成了朋友，讓我們彷彿看了一場精采的表演。

真的只有「了不起」一句話可以形容，他的表現正是「活用怒氣的人」最佳的典範。

事實上，從協會收到的問卷中我們發現：有人之所以把怒氣管理大獎的票投給知良先生，還有另一個重要的理由，那就是他並沒有讓張本先生感到難堪。

佛陀曾說過這樣的話：

「別人生氣時你不氣，你就已經贏了一半。」

知良先生的表現，恰恰實踐了佛陀的教誨。

為什麼知良先生有辦法做到這樣呢？我個人是這麼認為的：我推測那是因為他一心一意只想著足球，打定主意要踢到自己不能踢為止，內心如此單純與專注的緣故。

知良先生最想做的事就是踢足球，他根本無意與張本先生打口水戰。再者，他以身為職業足球員為榮，也一直為此努力著，因此，對同樣曾以選手身分活躍於棒球界的張本先生，他心裡應該是挺尊重他的。

對他來說，最重要的事就是站在現役選手的位置上，繼續把球踢下去。

活用怒氣小技巧

因為懷著這麼簡單的信念，不多想、不想偏，所以知良先生他才能從容應對，從這場口水戰中勝出。

最後，他不只把張本先生的批評，轉換成把球踢好的動力，更把原本阻撓自己足球之路的人，變成了自己的支持者。

怒氣御守

別人生氣，我不氣。
把心思擺在真正熱愛的事上頭，
只想著「為了它，我應該做什麼」。

怒氣的收、放，其實是可以自由控制的

向孫子兵法「失而不復返」的教誨學習

前述知良先生的反應和表現，並非人人都可以做到。

儘管如此，過去一直「輸給怒氣的人」，只要願意下定決心痛改前非，人生就會有所改變。

首先，我們先來了解「輸給怒氣的人」最常犯的錯誤是什麼呢？

那就是：因為一時氣憤做出輕率的行為，導致人際關係、物體甚至是自己受到嚴重的傷害。

說到這個問題，七〇年代美國之所以有「怒氣管理」這門學問產生，一開始的用意，也是為了輔導容易衝動行事的受刑人。

罪犯在自白時最常講的一句話就是：「我一時衝動，就做了這件事。」怒氣管理的課程，就是為了「因為一時衝動而毀掉自己人生的人」所設計的。

一般人情況也是如此，火大發飆或做了瘋狂的行動，事後冷靜下來一想，你會發現讓你「一時衝動」的，大多都是微不足道的小事，根本不值得你賠上自己的人生。

只要有技巧地讓「一時的怒氣」平息下來，其實就可以保住信賴、資產，甚至是生命。

孫子兵法裡，有這麼一段跟「怒氣」有關的文句：

「怒可以復喜，慍可以復悅，亡國不可以復存，死者不可以復生。故明主慎之，良將警之。此安國全軍之道也。」

這段話翻成白話文，大致上的意思是：

「生氣之後可以再度變得歡樂，氣憤的心也可以重新轉為喜悅，但是國家滅亡了就無法重振，人死了也不能再生。所以，看待戰爭，明智的國君應該慎重，賢良的將領應該警惕，這是安定國家和保全軍隊的基本道理。」

由此我們可以知道：「怒氣」這種情感，在初萌火苗時，就需要藉由「管理」來加以轉化。若是人一受到怒氣驅使就立即做出衝動的行為，一旦做了就不可能挽回。

當你對下屬、客戶、老婆或老公感到生氣時，試著冷靜幾秒鐘，把「怒氣」轉化成「別的情緒」，將能使接下來的結果大逆轉。

活用怒氣小技巧

生氣的時候，回想一下最近遇到的好事，或是即將成功的計劃，把念頭一轉，心情就能立刻放鬆，變得愉快。

不光是「怒氣」，任何感情只要放下，都有可能消失於無形。

人不可能一直在生氣、一直在悲傷，或一直在高興，這實在太傷元氣、耗費精力了。如何使激動的心歸於平靜，是一種重要的練習。不只為了避免衝動造成的不幸後果，也為了自己的身體健康著想。

在「怒氣」的驅使下，說了不該說的話，做了無可挽回的事，砸壞了東西……一旦傷害造成了，不管是人際關係、工作或是物體，都不可能恢復原狀。此乃自古流傳下來顛撲不破的真理，而且，我自己就有幾件慘痛的回憶：

年輕的時候，被工作搞得很煩躁，不小心說出：「你是幹什麼吃的？」這種狠話，深深刺傷了部屬的心。後來我們的關係變得很差，一直到我離職前都沒能修復。

還有一次，因為跟家裡的人嘔氣，我用力捶了餐桌好幾下，沒想到我心愛的咖啡杯就這麼掉在地上，破了。那是我最喜歡的咖啡杯，再也回不來了。

這兩種情況都沒有後悔藥可吃，「覆水難收」便是這個道理。

怒氣御守

只要學會適當地平息怒氣，就可以避免無謂的損失。
信賴、物體和生命，一旦失去了，就再也回不來了。

並非「不要生氣」，而是要「學著與怒氣打交道」

把「衝動」轉變為「衝勁」的企圖心

聽到我說「不要受怒氣驅使而做出衝動的行為」，肯定有人會誤會，以為「無論如何就是不能生氣」，因而拼命忍著怒氣，壓抑憤怒的情緒。

在我看來，這也只是「輸給怒氣的人」會做的事。

學習怒氣管理的最終目的，並非「不要生氣」。

「憤怒」是人類與生俱來必備的情感，你不可能讓它完全消失。

然而憤怒這種感情，到底是怎麼來的呢？

貓也好，狗也罷，一旦感覺自身有危險，就會表現出憤怒的樣子。牠們會豎起毛髮，低聲咆哮，做出威嚇的行為。

憤怒基本上是生物防衛自己的一種本能。這種本能，人類也具備。遇到敵人和危險還不警覺、不防衛的話，可能連小命都會丟失。

因此，完全不生氣，某種程度上，等於是喪失了身為生物的防禦本能。

在高處走鋼索時，因為意識到「啊，掉下去就沒命了」，所以身體會馬上做出心跳加速、猛流手汗等反應。憤怒的道理也是一樣的，「不生氣的話就會有危險了」，當我們如此判斷時，心跳會加速、脈搏會加快、血壓會升高，進入完全備戰的狀態。

覺得生命受到威脅時我們會生氣，覺得被他人欺凌時我們會激動，這都是人類很正常的反應。換句話說，這種時候如果不生氣的話，可能會變成行屍走肉，或沒辦法在社會生存了吧。

因此，除非你像佛陀一樣，已經達到圓滿覺悟的境界，否則不可能捨棄「憤怒」這種情感。換句話說，「學會和自己的怒氣打交道」是人生必要的學習。

「盡一切努力，與憤怒和平共處。」正是怒氣管理的精神所在。

活用怒氣小技巧

怒氣管理追求的不是「不要生氣」，而是「適切地與怒氣打交道，讓它維持在自己的控管之下」。

怒氣御守

再也不會「不想生氣卻生了氣」、
「想生氣卻生不了氣」。
不管生不生氣，都由自己決定。

就實際面來說，對部下嚴厲的「壞脾氣上司」和縱容部屬的「好脾氣上司」，到底誰比較優秀？實在很難下定論。「火爆教練」與「好人教練」，「虎爸虎媽」與「象爸象媽」，也不是三言兩語就可分出高下的。

但有一點我可以肯定：「活用怒氣的人」，決定「要生氣」時就一定「能生氣」；絕不會「不想生氣卻生了氣」、「想生氣卻生不了氣」。

請記住，怒氣管理的重點在於「生氣」或「不生氣」都由自己決定。

菁英名流為什麼要學「怒氣管理」？

無謂的生氣只會擊潰才能，不要成為怒氣的奴隸

講到怒氣管理的精髓在於「生不生氣都由自己決定」時，我經常想起一句話。這句話，是我在一篇關於網球選手費德勒（Roger Federer）的報導中讀到的：

「Federer was not a slave of his anger.」（費德勒再也不是自己怒氣的奴隸了。）自從他接受怒氣管理的訓練後，便一舉奪得了世界第一。

說到費德勒，那可是世界頂尖的知名選手，曾創下男單冠軍數量最多，以及世界排名第一連續週數最長的紀錄，更有多次在四大賽事贏得大滿貫的頭銜。

據說費德勒年輕的時候心浮氣躁，有一次連輸了好幾場比賽，就覺得自己再也贏不了了。

沒錯，當時他生自己的氣，被這種情緒牽制著，因而成了「怒氣的奴隸」。

像費德勒這種被譽為「世界最佳網球選手」的天才，也會「被怒氣所奴役」

而無法發揮自己的實力。這讓我深深感覺到：縱使是世上難得的天才，一旦無法管好自己的脾氣，被它牽著鼻子走，能力再好也沒有用。

我不禁想起身邊能力很好，卻人緣很差的年輕員工，還有怨嘆懷才不遇，每日借酒澆愁的朋友，他們大好的才能就這麼自我浪費掉了。我真的覺得無謂的生氣，只會擊潰才能和前途。

活用怒氣小技巧

能隨心所欲控制自己脾氣的人，才有辦法平心靜氣，思緒清楚，有效率且平穩地發揮自己的實力。

怒氣管理真的那麼有效嗎？美國職業體壇上，不少選手或隊伍都曾積極接受過類似的訓練。

據說美國職業高爾夫球界（PGA）老虎・伍茲（Tiger Woods）、巴巴・沃森（Bubba Watson，名人賽冠軍）、基岡・布拉德利（Keegan Bradley，美國公開賽冠軍），都曾受過怒氣管理的訓練。此外，吉米・沃克（Jimmy Walker）這位選手，聽說也是在接受怒氣管理的訓練後，成績突然一飛衝天。

美式足球聯盟（NFL）也有這麼一條規定：新進球員有義務要參加怒氣管理的講習。說到美式足球，最精彩的賽事就是超級盃了，那是全美收視率最高的體育盛事，中場休息的廣告費更是屢創天價。

像這種「一翻兩瞪眼」的運動項目，也肯定了該課程的功效，怒氣管理的重要性不言而喻。

「不要成為怒氣的奴隸」、「要管好自己的脾氣」，乃是運動員必備的心理素質。對於任何一個想要善用自己才能的人而言，又何嘗不是如此呢。

怒氣御守

一旦成為怒氣的奴隸，
任你能力再好，都無法正常發揮。
想要成功，一定要管好自己的脾氣。

怒氣不只具有「破壞性」，也有「建設性」

活用豐沛的情緒能量，然後以正向輸出

「這麼爛的企劃案你也做得出來！」A先生被非常嚴厲的上司劈頭痛罵了一頓。

「對不起！」雖然嘴上道歉，A先生內心卻忿忿不平：「可惡，竟然當著大家的面臭罵我，氣死我了！」於是，下班後跑去喝酒，不停地跟同事發牢騷，直到坐上最後一班電車為止。

反觀另一位下屬B先生，「對不起！」道歉後，他心中暗下決定：「哼，下次我一定會交出超乎想像的作品！讓你刮目相看！」於是立刻投入工作，撰寫新的企劃案。

說說看，哪一位「宣洩怒氣」的方法比較有建設性呀？

活用怒氣小技巧

對「活用怒氣的人」來說，必須秉持的心態和做法，就是「把怒氣轉換成正面的能量。」

憤怒的情緒除了經常成為破壞性的負能量之外，其實，它也有可能變成成就事業的正面能量。

例如，世界級的藝術家野口勇（Isamu Noguchi）受訪時曾經說過：「憤怒是我創作的能量。」

此外，搞笑藝人松本人志（Matsumoto Hitoshi，諧星組合「DOWN TOWN」的成員）也說：「搞笑的泉源來自憤怒。」在其著作《遺言》中，有這麼一段話：「碰到很棒的人，我會受其激勵，產生想要努力的想法；可是遇到讓人生氣的傢伙，為了與他互別苗頭，我也會想要努力。」

他說「激勵」和「怒氣」一樣，都會讓人產生「想要努力的想法」。換句話說，「怒氣」像「激勵」一樣，都有可能變成奮鬥的能量。

講到憤怒這種情感，通常大家看到的都只有不好的一面，不要忘了其實它

怒氣御守

怒氣可以做為成就大事的能量。

要想辦法把怒氣導往積極、有利的方向發展。

也有很正向的一面。

我經常覺得做大事的人，似乎都很清楚「該在什麼時候宣洩憤怒的能量」。欲成大事者，肯定需要很大的能量。這個能量可以從「怒氣」轉換而來，只要以正向、積極、有建設性的方法將怒氣宣洩出來，便可以推動驚人的成就。

在思考可以把憤怒的能量怎麼運用時，我想到的最好答案就是「創業」。

當初我之所以創立日本怒氣管理協會，把它發展到今日這樣的規模，也是因為「打從心裡對控制不了怒氣的自己生氣」的緣故。「去，真沒用！」如果我不是那麼生氣的話，我不可能有動力走到今天。

還有一點，我並沒有因為「氣自己無能」而「拼命地責備自己」；而是正向地思考「要如何把這份怒氣應用在事業上」。

怒氣可以轉變成能量，指的不僅是對他人生氣的時候，對自己生氣的時候，甚至是對現況感到不滿的時候，也都可以如此應用。

不過，重點在於宣洩的方法和管道。不要把怒氣浪費在「怨恨別人」、「責備自己」等負面的事情上，要積極、正向地使用它，拿它來「改變現狀」、「創造更美好的事物」。能刻意這樣做的人，才是活用怒氣的人。

活用怒的「質變」與「量變」

光「壓抑」不行，要學會「巧妙地宣洩」

怒氣管理這門學問，是由美國人發明的。

在美國工作五年，我同時也在學習怒氣管理，感觸最深的一件事就是「美國人真的很容易生氣」。

記得那是二〇〇六年發生的事，當時我還住在美國，正在收看全美有名的政論節目。現場直播的時候，只因主持人說了一句：「攻打伊拉克是錯誤的。」便引得一旁解說的來賓發瘋似地破口大罵：「攻打伊拉克沒有錯！錯的是你這傢伙！」。他的反應實在是太激烈了，看得我目瞪口呆，啞口無言。

堅持自己的意見是好事，不過在電視上或公開場合這樣衝動的反應，未免也太失態了吧？

這一幕日本人絕對想像不到，也做不出來。其實，我比較關心和擔心的就是這個點。

「因為生氣過頭而誤事」的往往是美國人。含蓄一點的說法是：美國人的「好勝心比較強」。難怪「控制怒氣的技巧」——怒氣管理這門學問，會由美國人發明，在美國成長茁壯、蔚為風潮了。

相形之下，日本人的做法就完全不同了，我個人覺得，日本人比較傾向於「壓抑怒氣」。被上司激怒、被朋友惹毛、被配偶責怪，這些事日本人都比較「有耐性」、「好脾氣」、「能容忍」。

明明心中已經燃起熊熊怒火，可是他們卻一個勁兒地拼命想把它們壓下去。因此，我在教導怒氣管理的方法時，碰到美國人，我會跟他說：「先想辦法把怒氣平息下來比較重要。」但是對日本人，我就不那麼講了。

為什麼呢？如果你跟日本人還強調要「先把怒氣平息下來」，只會讓他們累積更多的怒氣而已。弄不好還會因為壓力太大，把精神和身體搞壞，覺得「自己窩囊、沒用」而鬱鬱寡歡。甚至壓抑、累積到最後失去理智，在誰都料想不到的地方突然全爆發出來。

真變成那樣的話，除了傷感情，或是造成金錢、物質的重大損失就不用說了，更會陷自己及周遭的人於不幸的境地。

過度的隱忍、壓抑，只會讓你平白遭受損失。

有一回，美國某機場的櫃台，有位男性正在大聲咆哮。我在旁邊聽著，好像是因為作業疏失，他的機位被拿走了，害他上不了飛機。面對這樣的情況，他去抗爭的結果，就是後來如願地搭乘原定的飛機前往目的地。

換作日本人的話，肯定會想「作業出了問題也沒有辦法」而放棄追究，考慮搭乘下一班飛機吧？或是覺得「對著櫃台人員咆哮丟臉死了」，有這種心態的人應該不在少數。

姑且不論有這種傾向的人是好是壞。不過，全球化的速度越來越快，這種對問題的處理態度，以後一定會變成日本人必須面對的重大課題。

我在日本演講或舉辦研討會的時候，一定會事先講明：

這種「鼓勵發怒」的出發點，比較符合日本人和那些不敢發怒的人來學習怒氣管理。

怒氣御守

一味忍讓的結果，就是造成自己的損失。
與其拼命叫自己「不要生氣」，
還不如學習「如何有技巧地把怒氣發散出去」。

你擁有「情緒高敏度」的特質嗎？

放下讓心靈煩躁不安的「應該怎麼做」

雖說「不要忍，把怒氣適當地宣洩出來比較重要」，但生氣的次數太多，自己也會很疲累吧？

在學會適當宣洩怒氣的技巧之前，「不要動不動就生氣」是更重要的練習。

我不是要你「看到有人拿刀子砍過來都不生氣」，而是對於一些小事，不要過於敏感和激動。「輸給怒氣的人」通常都是因為一點小事就生氣，而非遭遇什麼生命的危機。

只能說這種人對危險過於敏感，大腦對於「不生氣會有危險」的警報器啟動得太過頻繁了。

要怎樣才能消除這種症狀呢？

簡單來說，我們之所以對別人感到生氣，往往是因為「價值觀不同」。

我們認定了「應該怎麼做」，一旦有人破壞了這個認定，便會感到生氣。

「請假應該打電話，而不是寫 Email。」這麼認定的上司，自然會對寫 Email 來說要請假的下屬感到生氣。

「就算得加班，也要想辦法達成目標業績。」這麼認定的人，自然會對「下班時間一到就拍拍屁股走人」的同事感到火大。

職場上的一些小衝突、不愉快，幾乎全是因為彼此對「應該怎麼做」的觀念不同所引起的。

其實，人際相處的道理都一樣。

怒氣的產生，總離不開「觀念」與「觀念」的對立。

自我認定的觀念越多、越強烈，往往就越容易被人惹毛，感到生氣。

對於這樣的人，以下是我的建議：

快要生氣的時候，先在心裡描繪一個三層的同心圓：

● **第一圈**──最裡面的那個小圓是「完全OK區」。

● **第二圈**──中間圈是「尚可接受區」，也就是雖然跟自己認定的「應該怎麼做」不符合，但「尚在可以忍受」、「不想跟他計較」的範圍內。

●**第三圈**——最外面的第三圈是「無法忍受區」，該範圍的事不但違背你的價值觀，還讓你完全無法忍受。

「輸給怒氣的人」，第二圈的範圍都比較小。

就舉Ａ、Ｂ兩位上司對「請假應該打電話，而不是寫電子郵件」的看法當例子吧：

●活用怒氣↓設限較少、彈性較大的人

A上司雖然認為「請假應該打電話，而不是寫Email」，但對「寫Email來請假」或「請別人代為請假」的下屬並不是很苛責，覺得「至少他有請假，也就算了。」

對A上司來說，「寫信請假」或「請別人代為請假」都屬於第二圈的「尚可接受」範圍。如果彈性更大一點，可能「用LINE請假」或「發簡訊請假」他也都OK，因為他的標準是「有請假就好」。只有不說一聲就不來的「無故曠職」，會讓他無法忍受。

心火調控 容忍度同心圓

當與他人觀念牴觸的時候，請提醒自己這麼想：「不同」不一定就「不合」。

輸給怒氣的人→第二圈的範圍比較小

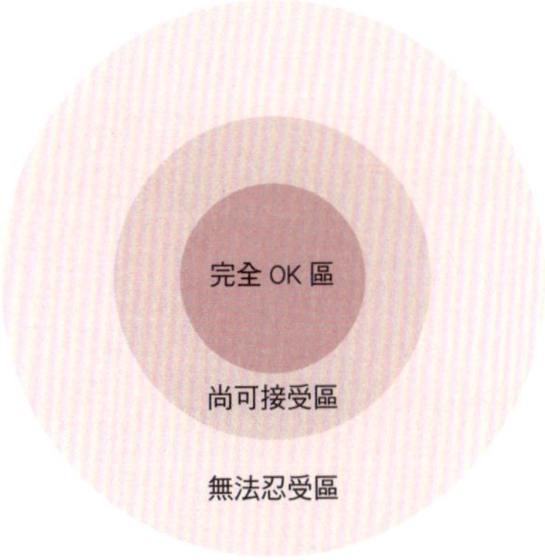

- 完全 OK 區——小
- 尚可接受區——小～中
- 無法忍受區——大

活用怒氣的人→第二圈的範圍比較大

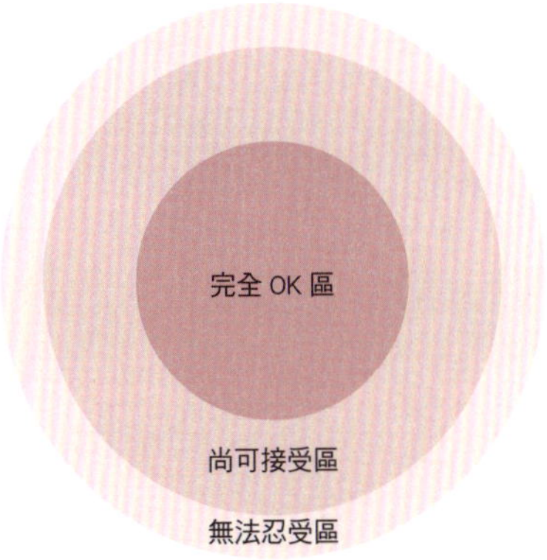

- 完全 OK 區——大
- 尚可接受區——中～大
- 無法忍受區——小

怒氣御守

不用急著將「完全 OK」區的範圍擴大。
從「尚可接受」區著手，
慢慢往外擴張就行了。

●輸給怒氣↓門檻高、設限多的人

反觀B先生，每次只要有「下屬寫Email來請假」，他就會火冒三丈。至於那種「請別人代為請假」的人，他更是覺得豈有此理。

對B先生來說，「寫Email請假」或「請別人代為請假」，跟「無故曠職」一樣，都在第三圈的「無法忍受」範圍內。

這兩個人，誰比較不會動不動就生氣呢？當然是A先生囉。

活用怒氣小技巧

不想動不動就生氣的人，必須想辦法擴大自己第二圈的「尚可接受區」，這是首要之務。

「活用怒氣的人」是第三圈比較小的人，也是比較能放下容易使自己生氣的「應該怎麼做」這種門檻標準的人。

「同理心」是永遠的橋

試著理解對方的成長環境和背景

「應該怎麼做」的價值觀，會因為每個人的成長環境與經歷不同，而有很大的差異。

舉例來說，我有一個女性朋友是東京人，有一次她和老公一起回四國的老家省親，因為某件事嚇了一大跳，並且感到憤慨不已。

聽說他們住在隔壁的親戚，總是一邊打招呼一邊就自己開門進來了，如入無人之境。我的朋友又急又氣地說：「陌生人就這麼大搖大擺地走進來，真是不可思議。不過住家不上鎖的人也有問題！太不小心了。鄉下人真奇怪！」

坦白講，她會覺得奇怪，全是因為成長環境不同造成的。我自己就是群馬縣鄉下地方出身的，所以，我很能理解這種事在鄉下是很普遍的現象。不過，對從小住在都市、家家戶戶都門窗緊閉的人來說，這確實很匪夷所思吧！

換個角度想，職場又何嘗不是這樣？

即使是同一所大學畢業的死黨，一旦在文化完全不同的公司工作個十年，價值觀也會變得南轅北轍。

在比起績效，更注重團隊精神、奉行年功序列制（按年資長短核定薪水待遇）、先例主義（凡事援用先例，墨守成規，不鼓勵創新）的「日本企業」上班的A先生；以及待在只要把工作做好，愛怎麼做是你的自由，年假想請就請的「外資企業」上班的B先生。

你想十年後，他們「做事的方法和態度」會一樣嗎？

顯然工作環境不同，亦會造成價值觀的不同。

所以說，當你因為「應該怎麼做」的價值觀，被別人挑戰而感到生氣的時候，是否可以暫停一下？「他，為什麼會這樣想？是怎樣的成長環境和背景，造成他這樣想的？」請試著體諒對方一下。

活用怒氣小技巧

像這樣，多想一下，就可以避免怒氣突然噴發出來。

「他的看法跟我不一樣。不過，他待在那種環境裡，會那樣想也是無可厚非的。」只要能有同理心，站在對方的角度思考一下，心裡就會覺得對方「尚可接受」了。

美國是個擁有各色人種、各種語言的國家，加上移民很多，因此，人與人之間的價值觀存在著很大的差異。在一些芝麻蒜皮的小事上，每個人會有自己的堅持，以及來自文化差異根深蒂固的觀念。這一點，大家竟然都能互相包容，讓人感受到美國真的是一個很有包容力的多元化國家。

反觀日本，幾乎是由同一民族組成，大家說著同樣的語言，表現同樣的應對分寸。或許是因為這樣的緣故，感覺社會的多樣性很低。

舉例來說，當藝人有不當的發言或舉措，或企業發生什麼問題的時候，大家就會見獵心喜地口誅筆伐，群起攻之。每次看到這種現象，我都覺得日本人的價值觀太僵化了，很少會認為「也會有人有其他想法啊！」

怒氣御守

成長環境和習慣的不同，往往是引發我們「生氣」的原因。
感到「生氣」的時候，不妨先想一想：
對方為何會產生這樣的價值觀。

多數日本人的「尚可接受」範圍實在太小了。

住在日本之後，我發現跟人吵架的機會變少了，但卻有一種被壓得喘不過氣來的感覺，我在想，可能跟前面說的「社會不夠多元」有關吧？

「應該怎麼做」的價值觀，在越是多元的社會，反而越能互相諒解和包容。在那樣的社會中生活會比較容易，比較自在，不知是不是只有我這麼想？

把怒氣當成「工具」來使用

好好地跟怒氣相處，人生會更寬廣、更有力

前面講到環境對人的影響甚大。這讓我另外想到一件事，那就是怒氣管理在「教育」這一塊可以發揮怎樣的效用。

長期以來，我一直夢想著把「怒氣管理」變成親職教育或學校教育的一環，也為此努力不懈著。那是因為我自己有切身之痛：要是我早知道「與怒氣和平共處」的方法，成長至今也就不用吃那麼多虧了。

正在讀這本書的您，肯定也有類似的經驗：「要是當時那麼做就好了……」「要是當時不那麼做就好了……」生完氣後才來後悔；或是相反地「明明嚥不下這口氣，卻又眼睜睜看著機會白白溜走」。

換句話說，您是不是也曾經因為脾氣表達不當的問題，「親手斷送了自己的未來」、「蒙受了人際或財物的損失」，或是「讓自己人生的選擇性變少」？

年輕的時候，很多人因為不擅長和自己的「怒氣」打交道，淨幹一些傻事。自從我從事怒氣管理這一行後，這樣的感觸特別深。

話說回來了，人為什麼就是沒辦法和怒氣好好相處呢？

原因很簡單──在成長的過程中，並沒有人教我們「和怒氣打交道的方法」。

是人都有喜、怒、哀、樂，在處理這些情感時用錯了方法，將會造成人生很大的損失。可是，竟然沒有人教我們要如何面對這些情感？如何妥善地處理它？仔細想想，這真是太冤枉了。

活用怒氣小技巧

趁年輕時就好好「了解憤怒這種情感，把處理的方法學起來」，對人生而言將是一大優勢。

擁有怒氣管理的技巧，絕對可以讓你長大成人後懊悔、捶心肝的機會大幅減少。

我在教導學員怒氣管理的時候，並不著重在技巧、祕訣的傳授，而是以灌輸基本觀念為主：

「請想想，為什麼我們必須與憤怒的情緒和平共處呢？」

「好好地跟怒氣相處，會有什麼好處呢？」

只要知道跟怒氣好好相處的目的和好處，人生就會有所改變。

我在教導孩子們怒氣管理的時候，總會刻意強調說：「懂得管理怒氣的方法，以後會成為你們一輩子的武器。」

往後的日子，肯定會遇到一堆讓自己發火、抓狂、生氣的鳥事。這種時候，要是屢屢灰心喪志、怨天尤人，甚至反過來責備自己、自暴自棄的話，大好人生就會白白浪費掉了。

我之所以特別積極，想把怒氣管理導入親職教育和學校教育裡，也是因為這樣的緣故。

能少一個是一個，我衷心希望：再也不要有孩子因為控制不了自己的脾氣，而侷限了未來的可能性。

第2章

如何馴服「心中的火山」：

成天煩躁不安，動不動就發火的時候

發怒的主震過後，餘震不斷，身心裂痕難以估計。
正向看待憤怒的本能，將力道導引至建設性的軌道上。
不亂生氣，正確的生氣，身心才不會生病。

關鍵馴服——掌握韁繩，做自己情緒的主宰

為了預防「瞬間暴怒」的悲劇產生，請先等待六秒鐘

想要成為「活用怒氣的人」，首先得做到不會動不動就發火，不會為了一點小事就生氣。還有，就算怒火中燒，眼看要爆發了，也能馬上把那股氣平息下來，這點也很重要。

這一章將針對日常生活還有工作中經常出現的「小怒氣」為主題，藉由我們身邊發生的實際案例詳加說明。

當你生氣、憤怒時，出於本能「反射性地言語和行動」，通常都是不可取、絕對不可以做的事。

舉例來說，當上司挖苦你：「這麼丟臉的事你也做得出來」時，你絕對不能反唇相譏地說：「那還不是你指導得好！」

被罵「你差勁透了」時，絕對不能拿起手邊的東西往對方丟去。

測試QA　憤怒時的禁忌

首先，請您先回答一個問題：

Q 當你感到「憤怒」時，最不該做的事是什麼？
（這個問題只能有一個答案，請回答。）

A 學習怒氣管理已經十年以上，幫九萬多人診斷過他們的怒氣，這始終是我對這個問題唯一的答案：「反射」。

細分來說，人的反射動作包括兩大部分：

（╳）不可做→反射性地口出惡言。

（╳）不可做→反射性地衝動行事。

或是，在車站正專心看著手機螢幕時，突然被人撞到，那個人不但不覺得理虧，還衝著你「嘖」了一聲。你氣炸了！怒吼著要對方道歉。

失去理智時做出的反射性動作和言論，沒有一樣是好的。

研討會上，我最常教給學員的一項技巧就是：「當你感到生氣時，先倒數六秒鐘。」

活用怒氣小技巧

據說生氣的高峰期，大約是六秒鐘。因此，當你為了一點小事生氣時，只要在心裡慢慢地從一數到六，怒氣自然會收斂許多。

怒氣御守

絕對不要「失去理智」，而做出「反射性地言論和舉動」。
從一數到六，怒氣便能收斂許多。
總之，先從這個技巧開始做起吧！

前面已經說過，情感這種東西只要放下，它就會慢慢縮小，甚至消失不見。只要暫時忍一下，幾乎都可以避免掉「反射性」的言語或行為發生。

雖然這只是個小技巧，卻對我們的未來影響甚鉅。因為只要掌握關鍵的六秒鐘，沉住氣，就可以把最危險的「人性反射」控制住，把可能造成的損失和傷害降到最低。

「跳 Tone」練習——瞬間轉移注意力的妙用

藉由瀏覽手機或書冊，切斷重複製造怒氣的循環

因為工作的緣故，我在街上、車站、餐廳等人潮聚集的地方，都會特別注意那些感覺很焦躁或正在發脾氣的人。

這種時候，我都會想：「只要用點小技巧，就可以把怒氣壓制下來，他們真是浪費生命。」

舉例來說，以前的我，只要跟我約定的人遲到的話，就會開始變得很煩躁。碰到結帳的隊伍太長，電車出事誤點之類的事，我也會很不耐煩。

我天生就是個急性子，一向不擅長等待。雖然我也覺得動不動就生氣不太好，但就是沒辦法讓自己不焦慮。

於是，我開始思考，有什麼方法可以「轉移怒氣」？

結果我找到的方法是「查看自己的手機」。

現在，就算有人讓我「等」，我也幾乎不會感到焦慮了。等得不耐煩的時候，我就瀏覽社群網站，或是上網蒐集資料。

不可思議的是，原本焦躁不安的心情，馬上就被其他的事情所取代。「啊，這家餐廳我想去吃吃看」或是「股票又跌了……」注意力就這麼轉移了，一肚子火氣也跟著消失得無影無蹤。

是的，心情是很容易轉變的。

儘管如此，如果不刻意去轉變，任由焦慮的時間拉長，就會一直想起讓你焦慮的那件事情。也就是說，人的內心會不斷地製造新的怒氣，越燒越旺。

所以說，要「主動去斬斷、轉移焦慮與怒氣的注意力」，並且是在負面情緒一開始的時候就立刻去做。

某位藝人上電視時曾分享一個經驗：有一次，他在機場看到電視牆，竟然在播出墜機事件的特別節目，他說不知怎麼搞的，越看他心裡就越毛。

「有沒有搞錯？機場最不該播的就是這種節目。」

他說得沒錯，因為在機場看這個，原本不擔心的人都會變得很擔心。尤其已經感到害怕，還一直看著墜機的畫面，不去轉換注意力，就等於我們不斷複製、加強自己的不安。

怒氣也是一樣。只要一直想、一直看那個讓你生氣的對象或事情，怒氣就不可能縮小。越想越生氣！搞不好你的怒氣還會變得更大。

活用怒氣小技巧

「把注意力從生氣的對象上轉移」，怒氣才有可能縮小。知道這個道理，並「找到轉移自己注意力的方法」，就可以大幅減少焦慮惡化的情況。

我的怒氣轉移方法是查看手機，有人是讀自己喜愛的小說，如果你也是這種人的話，不妨隨時在包包裡放入喜歡的作家書冊。

請務必找到自己專屬的「轉移焦慮、轉移怒氣」的方法。

怒氣御守

只要切斷怒氣再生的循環，
怒氣就會隨著時間慢慢消逝。
務必找出自己專屬的「怒氣轉移方法」。

氣噗噗發作？啟動「大腦新皮質」就對了

利用有點複雜的計算或翻譯，拉回理性思考的模式

找到了自己專屬的怒氣轉移方法之後，有時，我們還是會遇到一些運用技巧上的問題：

比方說，開會的時候主管碎碎唸個沒完：「這個月的績效還是很難看，你們是怎麼搞的？」這時就算心裡再不爽，也不能「拿手機出來轉移注意力」吧？

妻子一直追問小孩的教育問題，你被她煩到很想找個地方躲起來，可是這時如果不理她，只顧著「看漫畫來轉移注意力」的話，包管火上澆油，你更別想清靜了。

在這樣的情況下，還是有其他技巧可以轉移怒氣、管理怒氣，那就是「在心裡倒著數數」。

例如，「100、97、94、91、88……」像這樣，從100開始每隔3個數往回數。

或是用英文倒數：「one hundred、ninety-nine、ninety-eight」也OK。

活用怒氣小技巧

這個技巧是用有點複雜的「計算」或「翻譯」等理性思維，讓你「沒空、無法再想著激怒你的對象」。

為什麼「計算」或「翻譯」對轉移怒氣有用呢？

這跟我們大腦的構造有關：

怒氣來自於被稱為「原始腦」的大腦邊緣系統，掌管本能反應。這個部分主要控制人所擁有的喜、怒、哀、樂等感情，讓我們產生本能的反應。

就像前面所說：「憤怒」是我們面對敵人時，大腦所作出的一種防禦機制。因此，當我們感到無比憤怒時，大腦會告訴身體「現在有生命危險」，進而啟動本能反應。

這個時候，我們試著去「計算」或「翻譯」，會有怎樣的效果呢？

當我們「計算」或「翻譯」時，所使用到的部位是理性的「大腦新皮質」。

怒氣御守

光是藉由數數，就可以喚回失去的理智。
不須太複雜的計算和翻譯，
試著從有點小生氣時就開始做起。

大腦新皮質位在大腦邊緣系統的外側，負責語言、計算等「理性」的功能，是讓人類能夠社會化、融入群體生活的腦區。

因此，在計算或翻譯時，大腦新皮質會受到刺激，進而喚起我們的理性：「目前並沒有生命危險，犯不著那麼生氣。」我們將得以回到能夠冷靜判斷的狀態，避免受怒氣驅使，而做出過於衝動的行為，改以採取理性的行動和表現來應對問題。

人體的構造真是不可思議，大腦的每個部位各司其職，只要善加利用，便可以改變自己，不受「怒氣」所控制。

有一點很重要，就是在運用「倒著數數」或「計算」、「翻譯」的時機，要在情緒還沒那麼焦慮，或只有一點點生氣時就開始。

否則，當你已經感到「孰不可忍！」快要氣炸時，恐怕再好的方法也被你噴飛到九霄雲外了。

「氣死了！」希望這樣的反應能越來越少。為了避免突然發飆，事後再來後悔，請在有點焦慮的時候，就及早啟動吧！

冥想自觀——封存時空於當下

覺得煩躁時，在心裡實況轉播，把注意力集中在「現在」

二〇一三年，我出席了在亞利桑那州召開的怒氣管理國際會議。已經很久沒接觸正宗的怒氣管理了，只覺得一切都很新鮮、有趣。

其中，最讓我印象深刻的是 mildfulness（中文譯為「正念」）這個關鍵字。什麼是「mildfulness」呢？翻成中文的話，就是「專注當下」或「冥想」的意思。

借用加州大學洛杉磯分校心理意識研究中心（UCLA Mindful Awareness research center）戴安娜・溫斯頓（Diana Winston）女士的話，所謂的「正念」，指的是「以全然開放的心胸和好奇心，把注意力擺在眼前一瞬間正在經歷的事情上。」

令人意外的是，我們平常很少花時間思考「現在」的事。

比方說，吃飯的時候，比起好好品嘗眼前的食物，把精神集中在「當下」，我們心裡經常想的盡是「過去」和「未來」的事：「吃完飯後，得趕緊把剩下的工作做一做。」或是「今天被客戶打槍了」、「明天的拜訪該穿什麼去？」等等。

焦慮不安的時候，生氣發火的時候也都一樣，其實，我們都沒在想「此刻正在發生的事」。

「被上司臭罵了一頓，煩死了！」想起這樣的「過去」就覺得很焦慮，「以後還得受那傢伙的鳥氣！」這樣的「未來」讓人不禁憤慨了起來……。

令人驚訝的是，我們在生氣的時候，幾乎都沒有考慮「現在」。

我們只顧著考慮「現在以外的事」，然後越想越悲觀、越想越負面，這是人類的通病之一。

因此，前面提到的「正念」就大有用途了。

比方說，工作做到一半，感到很焦慮的時候，請全心去感覺「正在打電腦的手」。

手是怎麼動作的？鍵盤的顏色和形狀又是如何？隨著施力的大小，鍵盤發出的聲音有何變化？

活用怒氣小技巧

請試著做看看——敞開心胸，排除雜念，把意念集中在「此刻正在經歷的事情」上頭。

請帶著好奇心，仔細觀察自己正在做的事。

結果你會發現，當你專注地觀察敲打鍵盤的手時，不可思議地，焦躁不安的心竟然平靜下來了。

若想要更專注的話，不妨再試試「實況轉播」。

就像棒球或足球的現場轉播，你在心裡把觀察到的情況一五一十地講出來：「哦，怎麼現在聲音這麼大？好像是敲錯鍵了！」「藍色和黃色的便利貼在黑色鍵盤上特別顯眼呢！」等等，把你觀察到的現象轉播出來。

當你忙著做這些現象轉播的時候，自然就沒有心思去生氣了。

怒氣御守

煩躁的時候，越想越生氣的時候，
請敞開心胸，帶著好奇心，
專注在眼前正在經歷的事情上頭。

設立人際的「防火區域」

不要任由怒氣「四射」或「往下發洩」

「怒氣」這種東西，具有從「強勢」處往「弱勢」處宣洩的特性。

就像水總會從「上」往「下」流一樣。

比方說，當你很煩躁的時候，部屬來找你講話，你會板著個臭臉，愛理不理的；可是換作上司來找你講話，你就算再不耐煩，也會和顏悅色地小心應付，這樣的人應該很多吧？

或是正對著小孩大發雷霆的母親，突然接到隔壁鄰居打來的電話，馬上換了語氣，溫柔客氣地說：「您好，這裡是〇〇家。」這種事也經常發生吧？

憤怒的情緒總是朝向比較弱勢、無力改變現況、沒辦法做出反擊的人宣洩而去。

但這並不代表我們就可以對「從上往下」的怒氣視為理所當然。如果你放任自己這樣做的話，將會失去周圍的人對你的信任。

我並不是勸你要做到像是什麼「抑強扶弱」的正義之士，至少，你要提醒自己：小心「不要讓怒氣往下宣洩」，這樣你才能避開傷害到無辜的人、犯眾怒的風險。

活用怒氣小技巧

當你心煩意亂的時候，不要跟比你弱勢的人接觸，這是有效避免情緒災難的方法之一。

或是一把火上來，快要衝著無辜的人發飆時，趕緊試著把對方的臉想成「上司的臉」、「父母親的臉」等地位比你高、比你強勢的人的臉，這也是一個好方法。

再者，萬一真的不小心讓怒氣往下發洩了，事後一定要老實道歉：「歹勢」、「對不起」。這點非常重要。

「怒氣從上往下發洩」的現象，並不只限於上司與部屬、父母與小孩這樣單純的關係上。

舉例來說，日本網路世界經常出現的「炎上」註1，便是在網路上以「匿名」的方式對別人強加批判的行為。

用匿名方式攻擊別人的人，自認為「不管我再怎麼批判、攻擊別人，基本上，我自身是安全的」。

當我們處在「匿名」這種安全的位置時，人的怒氣很容易膨脹。人就是這樣的動物，當覺得自己很安全時，就會不自覺地變得自大、傲慢起來。

話說回來了，習慣在網路上攻擊別人，可能也會把這樣的性格帶入現實生活中，這點不得不慎。

此外，開車的時候，類似網路匿名的心理作用也會跟著啟動。

不是有這樣的人嗎？平常明明很穩重，可是一開車就像換了個人似的，變得很暴躁。

這樣的人，因為進入「車子」這個「堅固而隱蔽的箱子」，變得充滿了自信。因此，越是不擅長控制怒氣的人，越是會亂開車、不遵守交通規則。亂開車容易造成事故，對自己和他人都是風險。

就算只是為了自身的安全著想，也要注意不要把怒氣從上往下發洩。

★註1【匿名的情緒殺手】

日本人所謂的「炎上」，原意是「起火」的意思，後來被用來形容負面話題在網路上延燒，被網友批判的現象。這種現象有時候是出自特意製造風向、煽風點火的有心人士，他們喜歡從別人的話語裡挑毛病，轉貼文章時，還會加上一些自以為正義凜然的評語，也就是所謂的「正義魔人」。

怒氣御守

怒氣容易往弱勢、無力改變現況的人而去。
「從上往下宣洩的怒氣」，不是什麼好東西，要盡量避免之。
「在網路上匿名留言」或「開車時」，也要特別注意怒氣的收斂。

情緒傳染病，「距離」是最好的疫苗

一開始，就不要接近充滿焦慮氛圍的場所

我因為工作的關係，經常瀏覽「Yahoo! 奇摩知識」的網頁。

可能有讀者不了解什麼是「奇摩知識」，基本上，它是一個開放性的知識分享平台，使用者可以用筆名或匿名的方式，與網友做問答的互動，藉由眾人的經驗與專長，在問與答的討論之間，幫助使用者找到滿意的答案。

我經常關注的是「這種事讓我很生氣」的分類項目，結果發現其中大部分的回答和負評都很激動，充滿怒意。

我之所以看這個，主要是因為我想知道「大眾會對什麼感到生氣？而他們的反應又如何？」作為研究怒氣的一種參考。

話說回來了，如果我不是因為職業關係需要參考的話，我絕對不會登入奇摩知識，靠近這個「怒氣翻滾的漩渦」一步。

因為就像前面所說的：憤怒的情緒不但會「由上往下宣洩」，它還具有「容易傳染」的特性。

像是一回到家裡，丈夫就顯得很暴躁，太太心想：「今天是怎麼回事，老公怎麼看什麼都不順眼！」心情不由得也跟著焦慮了起來。或是辦公室裡某人正對著電話破口大罵，瞬間，整個辦公室的氣氛都變得很差。

換句話說，一般人只要接近正在生氣的人，或多或少都會受到影響。

背後講人壞話、互相抱怨這種事，不是只有在奇摩知識網頁才會發生。

幾個同事聚在一起講主管的壞話、抱怨工作的不順，這時如果不參加的話，怕會被討厭或排擠，只好硬著頭皮參加了……這種人好像還挺多的？參加是參加了，卻也因此接收了在場那些人的憤怒能量，搞得自己身心俱疲……。

更可怕的是，你不是只有接受怒氣而已，有時還會把這份怒氣傳染給朋友、伴侶、家人等對自己很重要的人，遷怒於他們，這也是常發生的事。

沒事去參加什麼吐槽大會、抱怨大會，自己接收怒氣不說，還把它傳染給最親愛的人，這不是蠢到極點嗎？

怒氣御守

怒氣具有「容易傳染」的特質。

可以的話，盡量不要參加吐槽大會、抱怨大會，或瀏覽低俗、謾罵的網頁，盡可能遠離會讓自己焦慮的人物與環境。

活用怒氣小技巧

是非之地、是非之人，能不靠近，就盡量不要靠近。

下定決心，「絕對不要靠近充滿焦慮和憤怒的場所」。這是一項重要的原則。

卸除生活的「義肢」

一天不帶手機，讓自己習慣不方便

手機、E-mail、LINE……最近的通訊方法越來越進步了。技術發達本身是件好事，既方便又有效率。現在我們不但可以在家工作，還可以儘早把工作做完。

只是，站在怒氣管理的觀點，這似乎也是焦慮形成的原因。

比方說，作為溝通的手段，目前非常普及的是LINE。你知道LINE的「已讀」功能，會顯示對方是否讀了你所發送的訊息，對吧？

知道自己傳的訊息對方讀了沒有，確實是很方便；但換個角度想，如果「已讀不回」——明明已經讀了卻不回覆，怎麼回事？通常也是讓我們感到不滿或焦慮的原因。

換句話說，有些人並沒有因為聯絡手段方便而蒙受其利，反而變得更容易焦慮和生氣。

科技的進步，間接助長了我們的焦慮。事實上這種現象已經越來越嚴重了，生活越是便利，我們就越容易焦慮。

如今到便利商店領錢，也是稀鬆平常的事，當發現錢包裡沒錢，又找不到便利商店時，你是不是覺得很不安？

或是，提著大包行李在車站裡走，卻發現沒有電梯也沒有手扶梯，這時你一定會在心裡怒罵道：「搞什麼鬼！」吧？

生活便利帶來的副作用是：我們「等待」、「忍耐」的修養變得越來越差。因為方便慣了，所以「無法等待」、「無法忍耐」，結果焦慮的時刻變多了。受到如此副作用影響的人應該不在少數。

活用怒氣小技巧

有一個很有效的方法，可以重拾我們原本具有的「耐心」，我推薦您不妨試試看，那就是「一日不帶手機」。

好好練習「習慣不方便」這件事。

不管去到哪個地方，都會拿手機出來查詢轉乘資訊的人應該很多吧？可是要是身上沒手機的話，就只能花時間看路線圖了。

還有，想去的那家店今天有沒有營業？這種事我們也習慣拿手機出來查。要是沒手機的話，就只能親自跑一趟確認，或是改變主意，到附近其他有開門的店了。

「沒帶手機」這件事，意味著你得「多花時間」、「多忍耐」、「思考替代方案」，這種習慣不方便的練習，就是讓你日後碰到意外狀況時也能不緊張、不焦慮的練習。

雖然只是一天不帶手機，你卻會發現「原來我們已經那麼習慣方便的生活了」。

如果因為工作的關係，不可能「一天不帶手機」的話，那麼，就從放假日外出買東西的時候開始做起吧！先試試看「手機沒在身上」的感覺，如何？

怒氣御守

生活越是便利，我們就越容易焦慮。
刻意一天不帶手機，做「忍耐」、「思考替代方案」等練習，讓自己「習慣不方便」，一次次的修養心性。

是脾氣壞，還是身體壞了？

「健康管理」也是怒氣管理的一環，累了就要休息

這是非常簡單的道理：當身體不舒服的時候，我們的脾氣會特別暴躁。那是因為身體很虛的關係。

人類和動物一樣，「生氣」屬於「防禦機制」的一種，當我們身體虛弱的時候，就更需要保護自己。因此，偵測危險的警報器會變得特別敏感。

就說我自己好了，我的喉嚨非常脆弱。因此，跟人約吃飯的時候，我一定會選「全面禁煙」的店，光是「分煙」——禁煙和吸菸區分開還不可以唷。

為什麼我會那麼堅持呢？因為香煙的煙會讓我喉嚨痛，我一痛就會焦慮、情緒不好，所以，我要盡量排除這樣的可能。

沒錯，身體的不適會引發「怒氣」上升。

因此，如果你覺得自己最近「動不動就生氣」、「很煩躁」的話，建議你

先讓身體休息一下，有必要的話，甚至要休息調養一陣子。

活用怒氣小技巧

可以從每天觀察自己的情緒做起，當你覺得心煩意亂時，就立刻讓身體休息，不要勉強，避免過勞。

「健康管理」與「怒氣管理」之間，有著身心相連的重要關係。

我一直記得一位外科醫師朋友說的話：

「放假或有空的時候，我會盡可能鍛鍊身體，讓自己的身體保持在最佳狀態，我也會避免喝太多酒。因為當我身體不舒服的時候，我會變得很焦躁，判斷力也會變差。身為外科醫生，難免會有緊急手術要做，這可是人命關天的事，所以把自己的健康管理好，也算是我的工作之一吧。」

聽到他這席話，我打心底感到佩服，果然成功的人就是不一樣！

相對來說，在這世上，很多的工作其實壓力並沒有那麼大。

就說我好了，我在寫書的時候，錯把「五時」打成音近的「誤字」，也不

怒氣御守

當你覺得自己動不動就生氣時，
先想辦法讓身體休息一下。
做好疲勞管理，其實就是在管理怒氣。

會害誰丟了性命。但醫生的工作不一樣，一旦發生失誤，喪失的可能是一條寶貴的生命。

這樣一想，他的工作壓力真的很大。

這位醫生朋友的一席話，讓我重新體認到一個道理：工作壓力越大，或是抗壓性越差的人，越是需要做好「健康管理」，盡量減少情緒不穩的狀況發生。

先試試，再決定是否說「No」

杜絕「先入為主」的成見，可減少被激怒的機會

你有沒有「天生就不喜歡吃」的食物？

雖然沒吃過，但就是不喜歡，碰都不想碰那個食物。

為什麼我會提到這個呢？因為這種「天生不喜歡」的情結，將成為怒氣管理的障礙。

另一種情況是並非天生不喜歡，而是「試過後真的討厭」，所以才不吃「蝦子」，這時什麼肥美碩大的炸蝦、鳳梨蝦球就不用說了，就連海鮮燉飯裡少量的蝦仁、大阪燒裡的小蝦米，都會想辦法挑掉。和家人朋友聚餐時，看到桌上有蝦料理出現，還會因此而不高興。

就像前面所說的，當人碰到討厭的東西時，壓力會增加，情緒會變得暴躁。因為討厭某種食物，導致生活中「啊，真討厭！」的機會增加了。

如果真的吃過還覺得討厭的話，那也沒有辦法，有人就是難以接受這種味道，也有人對蝦子過敏。

然而，「天生不喜歡」的情況是——連嚐都沒嚐過，就宣告不喜歡。換句話說，那是「心理上的不喜歡」，先入為主地做出逃避的行為。

當你逃避的瞬間，所感受到的壓力並不亞於「真正討厭」的壓力。

是不是真的討厭都還不知道，卻因為莫名的固執和嘴硬，在生活中平添了那麼多壓力？這種情況不只是發生在食物的好惡上，在工作、人際關係上，也是一樣的：

明明沒講過幾句話，就在心裡「否認」這個人；都還沒做呢，就心生「排斥」某項工作，這些都是讓壓力變大的兇手。

打開心胸，試了再說。

如果試過後真的討厭、不喜歡的話就算了。但都還沒試過，就先入為主地咬定「不喜歡」，犧牲了潛在的好機會，又平白增添心情的壓力，實在是太傻了。

活用怒氣小技巧

和不熟悉的人真正交談過後，或許你會發現「他這個人還不賴嘛！」真的親自做過這件事之後，也或許會發現「啊，還挺有趣的。」先嘗試看看，再下定論，就能發現無限的可能。

不只針對食物，對於生活中的人、事、物，想辦法減少因為「先入為主」的觀念所引發的壓力，這是很重要的事。

怒氣御守

沒試過就說不喜歡，實在是太傻了。
根本不確定是不是真的不喜歡，
卻因為先入為主的觀念導致壓力一直增加，何苦呢？

鬥志的燃料——「逆來」何妨「順受」

把不負責任的批評，轉換成正向積極的意見

請問，以下哪個人的生活過得比較有意義呢：

當便利商店裡結帳的隊伍排得很長，A先生的反應是生氣地瞪著店員，在心裡碎碎唸道：「怎麼收銀的只有一個人？」

至於B先生，碰到這種情形，他心想：「這家店好像人手不足呢。這個時候，可以在櫃檯擺個呼叫鈴，叫其他店員出來幫忙；或者，也可以在角落擺個鏡子，那麼正在排貨架的店員看到了，就可以馬上過來支援。」他一面排隊，一面揣摩著怎樣才能化解長長的結帳人龍。

不用說，當然是B先生的生活比較有意義。

最近我經常感覺到：焦慮是可以藉由「轉換心情」、「減少次數」而減輕和消失的。因此，正向思考的習慣十分重要。

比方說，自己拼命在做的事，卻被不相干的人批評得一無是處，這時你會怎麼反應？

有人會覺得自己的努力和能力受到否定，因而氣憤不已，但也有人會覺得「是不是自己做得不夠好？」而突然失去了自信。

然而，這世上多的是站著說話不腰疼的人，他們往往講話不負責任。

對付這種講話不負責任的人，美國演藝圈的名人可說是我們的最佳範本，經常飽受世上最惡毒批評的他們，會像以下這樣反擊回去：

主演美國情境喜劇《憤怒管理》（Anger Management）的知名演員查理．辛（Charlie Sheen），曾被《富比士》評為電視界收入最高的演員，這個大家都知道吧？

話說他主演的《憤怒管理》要加拍第二季的時候，觀眾的反應不一而足，有些批評簡直惡毒到極點。

其中最讓人矚目的是：「不好不壞，普普通通。」面對這樣的評語，查理．辛做了如下的回應：

「聽到這部影集被說『普通』，我覺得很高興，我覺得那是對我最大的讚美。如果拿喜劇比做冰淇淋的話，我會全部做成香草口味的，因為大家最喜歡的就是香草口味。全部試過一圈後，會發現還是最原始的口味最好。換句話說，覺得這齣戲『普通』的人，在收看時已經不會覺得驚訝或驚嚇了，大家已經找到自己的頻率，能夠很輕鬆地看這齣戲，藉由每個星期二十分鐘的收看，忘記所有煩心的事，享受觀劇的樂趣。」

查理．辛並沒有否定「普通」這樣的評語，他換個角度把「普通」解讀成「能讓人輕鬆地收看」，而不是解釋為「無聊」或是「平凡」。

再舉一個人當例子，人氣歌手小甜甜布蘭妮，她被提名為美國超紅選秀節目《X音素》（The X Factor）的評審，那個時候批判的聲浪排山倒海而來：

「布蘭妮根本沒資格當評審。」面對這樣的批評，她的回應是：

「那些批評我的人，只看過在鎂光燈下勁歌熱舞的我。這次的工作對我而言是全新的體驗，我想我一定會有很多話要說。不過，也正因為沒做過，讓我覺得很新鮮，我一定會全力以赴的。」

「因為是第一次做，難免有不足之處。」她並沒有否認對方的批評。「但也因為這樣，才能擦撞出新的火花。」接受批評的同時，她把自己的缺點變成了優點。

這兩位名人同樣做對了兩件事：

首先，面對不負責任的批評，他們並沒有「反射性」地大動肝火。他們沒有反射性地攻擊回去，而是先把批評承受了下來。接著，他們把批評轉換成正向積極的意見。

活用怒氣小技巧

這世上許多事，其實只要換個角度、正向積極地思考，都是可以扭轉的。

就像第一章提到的知良先生，聽到別人叫他「別再踢了」，他不把它想成是在「勸他退休」，而是正向解讀為那是對方使用的「激將法」，意在「督促我進步」。

像這樣，在自己心裡裝一個「啟動正向思考的裝置」，對「想要活用怒氣的人」而言，是非常重要的一種思維轉換能力。

怒氣御守

遇到意料之外的狀況，
或受到不負責任的批評時，
要想辦法把怒氣轉為正向思考。

第3章

孰不可忍？勇敢把氣抖出來：

覺得極度憤怒，或怒氣不斷累積的時候

再密實的壓力鍋，總也得留一個排氣孔。
每天減少一點生氣的壓力，每天做一些排放怒氣的練習，
把情緒維持在穩定的水平上。

好勝勇猛？還是「以生氣掩護」脆弱的玻璃心

了解「大概知道吧」和「正確理解」的差異

第二章講的是心浮氣躁，以及日常生活中感覺到的一些小生氣。但有時候的情況是腦袋突然轟的一聲，瞬間氣到快要抓狂，或是長期下來一再地累積怒氣，感覺自己「再也受不了了！」

當你整個人被那麼大的憤怒所籠罩、累積了那麼多怒氣時，該怎麼應付才好？本章想來討論一下這個狀況。

我們之所以不擅長跟怒氣打交道，沒辦法好好管理它，理由很簡單：那就是我們不是很了解焦慮、憤怒的情感。

明明是我們自己的情感，我們卻不了解！

舉例來說比較快，試著回想一下，最近是否有人讓你很生氣？

情緒 QA 「氣得要死」抓妖鏡

請根據提問，將答案清楚地寫下來：

Q1 是誰惹你生氣的？他說（做）了什麼？

Q2 最讓你生氣的理由是什麼？

Q3 你感覺有多生氣？如果有 10 分的話，你會給幾分？

Q4 當你生氣時，你的身體起了什麼變化？

以上這些問題，你可有辦法具體地寫出答案？

令人意外的是，「明明當初氣到不行，可是一旦冷靜下來，自己為了什麼生氣竟然全忘了，半點原因都寫不出來。」是不是有這樣的經驗呢？

「正確地理解」和「大概知道吧」是完全不同的。

請再試著寫出「バラ」的漢字。

正確的答案是「薔薇」。

您寫得出來嗎？

我想大部分的日本人都寫不出來吧！

在報紙或書上看到這兩個字，能讀出字音的人應該很多，但僅止於「一知半解」的程度，真的要寫時卻寫不出來。

怒氣御守

要管理「大概知道吧」的東西，是有困難的。
一定要想辦法做到「正確地理解」。

換句話說，他們「只是大概知道、有印象而已」。

這便是「大概知道吧」和「正確地理解」的差別。同樣的情況，也會發生在「憤怒」這種感情上。

煩躁、惱火、厭惡、抓狂……你大概知道「自己正在生氣」。

但，說老實話，你真的理解這樣的情緒嗎？……令人意外的是，我們不是真的懂。

在一知半解的情況下，想要去控制它或是管理它，都是有困難的。

今天如果要你管理一百個人，並盡快做出成果的話，你會怎麼辦？

我想很多人會從掌握現況開始做起吧？

管理自己的怒氣也是一樣的。

活用怒氣小技巧

「認知」是一切行動的根基。

怒氣管理之所以特別強調要從「正確理解」焦慮、憤怒等情緒開始做起，原因便在於此。

怒氣現形——檢視情緒歷史的脈絡

像寫動物觀察日記一樣，記錄自己的怒氣

一邊是「習慣寫日記的人」，一邊是「從不寫日記的人」，你覺得誰的怒氣管理會做得比較好？

答案是：「習慣寫日記的人」。

怒氣管理有個手法叫做「Anger Log」，乃為了確實掌握自己的怒氣，進而把它「記錄」下來的方法。就像理財有道的人習慣記帳一樣，此外，減肥的時候，會測量體重並把它記錄下來，也是基於同樣的道理。

藉由記錄，可以讓我們深入了解自己的怒氣。

你一定要先了解自己面對的是什麼，才有辦法適當地管理它，跟它打好交道。這時，「記錄」累積的線索就能發揮很好的效用。

舉例來說，在記錄的時候，你可以這樣寫：

「真正讓我生氣的癥結點是什麼？」寫下激怒你的對象或事由。

「我有多生氣？氣了多久？」寫下生氣的程度或持續的時間。

「為什麼我會感到生氣？是不是因為對方跟我的價值觀不同？」寫下自己之所以生氣的理由。

活用怒氣小技巧

把生氣的過程、事件、對象盡可能清楚地記錄下來。就像寫植物或動物觀察日記一樣。

然後，過一段時間再回去看你所記錄的，一定會有新的發現。

「當時簡直氣炸了，現在想來好像沒那個必要哦！」冷靜下來之後，很多事也就想開了。

「好像我以前也曾為了同樣的事生氣呢！」拉長時間來看，便會發現自己經常犯下同樣的錯誤。

若想了解「憤怒的情感」，必從記錄開始。

感到極度憤怒的時候就不用說了，當然要記下來，即使偶爾一點點的小生氣，也試著養成「一生氣就記錄」的習慣，如何？

怒氣御守

試著養成「一生氣就記錄」的習慣。
然後，像觀察動物一樣，觀察自己的怒氣，
用冷靜的眼光去看，一定會有所體會。

為何老是跟「自己人」嘔氣、發飆？

去覺察怒氣深層那個「想被了解」的渴望

說到怒氣，它有幾個特點。

其中之一便是——我們特別容易對身邊的人、希望能夠理解我們的人發脾氣、宣洩情緒。

比方說，你有一件非常想做的事，那是你的夢想，就算被今天剛認識的人說「那不可能吧？」你也不會放在心上，對吧？

或是，雖然你心裡有些不爽，但一想到：「他是今天才認識的，不了解我也沒有關係。」很快氣就消了，是不是？

可是，換作是身邊親近的人這樣講呢？比如說父母、配偶或好朋友的話，你會怎麼樣？

「那不可能吧？」他們的反對，聽在你的耳裡，硬是比剛認識的人刺耳上千百倍。

其中的差別便在於「關係的遠近」。

我們之所以感到生氣，是因為我們希望對方可以理解我、支持我、尊重我。但是當對方做不到、不符合我們的期待時，我們便會感到生氣。

正說著這番話的我，又何嘗不是如此呢！

身為日本怒氣管理協會的代表，自詡為「怒氣」專家的我，到目前為止，跟父親的關係還是很緊張。在我看來，這世上最難搞定的人就是我父親了。

不過，這也是因為他是我的家人，我很重視他的緣故。

只是我和父親的想法差太多了。一直到我長大了，我們的觀念還是南轅北轍，格格不入。

我父母都是安分守己的公務員，我竟然選擇了一條完全跟他們相反的創業之路。

「人生就是要求穩定。」父親說；

「比起穩定，我想做有興趣的事。」我說。

「在家鄉腳踏實地的奮鬥比較好。」父親說；

「鄉下生活太單調了，我會悶死。」我說。

在第一章我曾說過：「生氣是因為價值觀不同。」顯而易見的，我們父子倆的價值觀存在著很大的差異。

換作是不相干的人，我還能冷靜地思考：「我們彼此的想法不一樣。」可是他是我父親，是我無論如何都割捨不下的家人。

所以，我很自然地會生氣：「為什麼你就是不能了解我？」「為什麼你就是不能尊重我的生活方式？」說到底，是因為我心裡對他有著期待。

我經常想起跟父親意見相左時脣槍舌戰的畫面。

正因為我希望他「了解我」、「尊重我」、「愛我」，因此，我特別容易對他生氣。

所以，當你對身邊的人感到不耐煩、想要發脾氣時，請試著這樣想：「我的出發點是希望他能理解我」、「原來我那麼想要他支持我」、「原來我那麼在乎他」。

即便我感到生氣，也不是因為恨他或討厭他。光是意識到這一點，就能讓自己的心情和彼此的關係到救贖。

活用怒氣小技巧

最重要的一點是把心態調整過來：「既然我這麼在乎他，就別再跟他生氣了。」想辦法解決爭議，才是有建設性的做法。

怒氣御守

當對身邊的人、在乎的人感到生氣時，
要認知到：「那是因為我想要他了解我。」
轉換心態，找尋有建設性的解決之道比較重要。

「安全感」是必備的滅火器

相較於「處理怒氣」，「應對不安」更為重要

A先生是某中堅企業的營業部長。

每當營業額有一點下滑，他就會把部屬叫來嚴加責問：「這個數字是怎麼回事！」

碰到營業額很差的月份，他更會對著部屬咆哮：「馬上想辦法改善！」或「你是幹什麼吃的！」雖然心裡也覺得這樣說好像不太好，但轉而一想：「不對他們嚴格一點不行，我也是為了公司好。」也就不了了之了。

可是，過沒多久就收到部屬的投訴：「我沒辦法在他底下做事！」看著疲於奔命的手下，忙著送走一堆遞出辭呈的人，這時他終於警覺到：「這樣下去不行。」

你說，碰到這種情形，A部長要怎麼辦才好呢？

我在想A部長應該不是「脾氣暴躁」，而是「缺乏安全感」。

也就是說，他生氣的真正原因是因為不安。

有句俗話說：「會叫的狗不會咬人。」正因為個頭小、力量弱，感到自身有危險，覺得不安才會一直叫吧？結果就是作為「防禦機制」的「吠叫」，也就是「生氣」的行為會因為不安而一直出現。

人類也有相同的特點——**越是不安的人，就越容易生氣**。

我說過，我以前也是動不動就發脾氣，性格暴躁得很。可以說我也是「缺乏安全感」的那一種人。我總覺得自己缺乏安全感的個性，跟我的成長背景有很大的關係。

著名的心理學者阿德勒（Alfred Adler），在談到親子關係與人格的養成時，說了以下這段話：

「對孩子而言，父母就是他的全世界，他必須得到父母的愛才有辦法活下去。為此他拼命發展出的策略，將直接形成他日後的人格。」

我的父母都是公務員，他們之所以選擇當一名為人民服務的公僕，不可諱言的，主要是因為「公務員收入穩定」，他們喜歡安定的生活。

說好聽一點，是因為「喜歡安定的生活」，但反過來說，不正是「因為缺乏安全感，所以才要尋求穩定」嗎？

被這樣的父母養大的我，在成長的過程中，不自覺地也繼承了父母親「缺乏安全感，渴求穩定」的一面。

「缺乏安全感，渴求穩定」，是如何表現在我的個性上呢？

相較於自己的「優點」，我更在乎自己的「缺點」或「不足之處」。這是因為從小父母就不斷地灌輸我：「你這個不行」、「那個做得不好」的緣故。

如今想來，缺乏安全感的雙親，肯定打從心裡認為：「為了避免我家小孩失敗，一定要讓他走最安全的路。」

現在的我，已經能夠了解他們的心情了。但在小時候，要理解這種複雜的原因是不可能的事，也因此，我的思想一直往「做不到」、「不夠好」的方向發展。

看到杯子裡有半杯水，安全感夠的人會想：「幸好還有半杯。」但缺乏安全感的人會注意到「只剩下半杯了。」因而緊張個半死。

前面講的那個A部長，不就是以前的我嗎？

只要業績稍微下滑，在他人眼裡看來其實也還好，但他就會「無限放大」，非常著急和焦慮。

所以，A部長真正要做的並不是「管理怒氣」，而是「管理不安」，先想辦法解決不安才是根本之道。

因為我本是個極度缺乏安全感的人，所以我最清楚。

我自己也是從「消除不安」做起，才逐漸減少了生氣的機會。

活用怒氣小技巧

許多生氣的表象，是因為不安。

看清楚躲在生氣背後的不安，想辦法處理它、消除它，這才是真正積極地在「管理怒氣」。

在美國工作的那段時間，我比其他同事都更在乎業績，搞得自己很焦慮，甚至跟上司對嗆、起衝突。

不過，當我知道「生氣是因為不安」之後，我已經能心平氣和地看著數字，

怒氣御守

越是不安就越容易生氣，
想想生氣的背後躲著怎樣的不安，
先著手「處裡不安」吧！

心想：「業績下滑還是有方法可以補救的，我在這裡乾著急也沒有用。」進而把注意力擺在擬定更好的策略上。

或是我會告訴自己：「就算業績下滑，我被公司炒魷魚了也沒有關係，反正工作再找就有了。」先安撫自己的情緒，把心定下來好好工作。

漸漸地，我越來越擅長處理自己的不安，暴躁易怒的情況也就大幅改善了。

著手去做「能改變的事」

與其對「原因」或「過去」生氣，不如朝「目標」或「未來」努力

身為領導者，是「嚴格」一點比較好？還是「溫和」一點比較好？其實最後我已經搞不太清楚。

不過，關於「生氣」，還是有一個大原則一定要掌握好：那就是要「正確地生氣」。

什麼是「正確地生氣」？

怒氣管理有一個特別重要的觀念，叫做「solution focus」，也就是要把重點聚焦在解決之道上。

比方說，上司責備部屬：「為什麼你會犯下那麼大的錯誤！」這個時候他應該不是真的想知道「理由」，而只是在發洩情緒罷了。

如果能換個方法罵人：「錯了就錯了。認真想想，要怎樣把損失彌補回

來！」告訴他下一步要怎麼做，這樣對部屬也比較有幫助吧？

活用怒氣小技巧

比起追究「原因」或「理由」，把焦點擺在「接下來該怎麼樣」的目標或理想上，找出實際的「解決之道」比較重要。

夫妻吵架的時候，就算做老婆的再三追問原因：「為什麼你就是不肯幫忙做家事？」做丈夫的也回答不出來，他只會覺得自己被刁難了。

這個時候，要是能夠換個方式說：「家庭、工作兩頭燒，讓我好累。為了我們快樂的婚姻生活著想，你也幫忙做一點家事嘛！」從「理想的婚姻生活」切入，要求「一起分擔家事」，這樣比較能夠取得共識吧？

生氣的時候，與其把焦點擺在「原因」的爭論上，還不如聚焦於「目標」和「理想」上。

此外，不要一直提「過去」，談「未來」比較重要。

在六〇年代的美國，推動反種族隔離運動並獲得諾貝爾和平獎的金恩牧師

（Martin Luther King, Jr.），曾發表了一篇非常著名的演說，那篇感動許多人的演講是以這樣的一句話開場的：

「I have a dream.（我有一個夢）」

接著，他說道：「我夢想有一天，將生活在一個不以皮膚的顏色，而是以品格的優劣作為評判標準的國家裡；我夢想有一天，黑人的男孩、女孩和白人的男孩、女孩，能夠像兄弟姐妹一樣攜手並進。」

雖然這些運動是因為「反對種族歧視」而發起的，但他並沒有譴責「為什麼要歧視我？」而是訴諸「未來」、訴諸「理想」。

正是這一點打動了人心。

怒氣御守

當感到生氣、想表達不滿時，
不要把焦點擺在「過去」和「原因」上，
多想想「未來」、「目標」、「解決之道」比較重要。

再不爽，還是要公正

「從上往下」發洩怒氣時，要維持「一致性」

前面講到，怒氣具有「從上往下」宣洩的特性。因此，我們會不自覺地把氣出在地位比我們低、相對弱勢的人身上，這點不可不慎。

然而，儘管我們再會忍耐，有時候氣到極點時，還是免不了會向比我們弱小的人發脾氣。

這個時候，有什麼要特別注意的嗎？

二〇一五年九月，職業高球選手岩田寬先生決定參加美巡賽（即PGA錦標賽），因而放棄同時期舉辦、已經完成報名手續的日巡賽。對於岩田的棄賽，日本高爾夫協會祭出了「兩年內不得參加該協會舉辦的任何賽事」作為處罰。

高爾夫協會的說法是：「報名就等同於簽約。他單方面毀約，當然得做出一定的懲處。萬萬不可開日本、美國重複報名的先例。」

這樣講是有幾分道理。可是，又沒有明文規定不可以兩邊都報名。

還有一點也頗受質疑，今天如果換作是石川遼、松山英等這些票房比較好的明星選手，高爾夫協會還會做出「停賽兩年的處分」嗎？

日本高爾夫協會對岩田祭出這樣的處分，就怒氣管理的角度來看是不恰當的。因為他的處罰沒有「一致性」。

在沒有明文規定的情況下，因人而異做出不同的處分，給人的感覺是在「上位」的「日本高爾夫協會」濫用職權，欺負在「下位」的「選手」。在那樣的上下關係中，秉持一定的原則十分重要。如果因為選手不同，就做出不同處置的話，只會讓人詬病「不公平，對明星選手比較好」。

所以，生氣的時候，生氣的理由正不正當？這當然是很重要的事，但對處置態度「維持一致性」也非常重要。尤其是「從上往下」發洩怒氣時，更是如此。

要做到保持生氣的一致性，可以試看看「記錄」這個方法：

前面提到過「Anger Log」，它本來就是協助自己擬定「生氣標準」所做的一種訓練。

怒氣御守

任怒氣「由上往下」發洩，
只會造成他人的不快與不公，
不管再怎麼生氣，都要保持「一致性」，不要有雙重標準。

活用怒氣小技巧

首先，把生氣的情形記錄下來，隔一陣子再去查看，藉以掌握自己對下面的人「容易因為什麼事生氣」、「有多生氣」、「真正生氣的點又是什麼」。

然後，你會發現：「原來我容易對不守時的人感到生氣。」「原來我容易對做事不經大腦的人感到生氣。」「原來我容易對比客戶還市儈的人感到生氣。」「原來我容易對缺乏主見的人感到生氣。」等等。

這樣做，除了可以檢查自己生氣的理由正不正當外，還可以知道自己的價值觀，以及自己真正在乎的是什麼。

如果你發現理由很正當，而且你真的很在乎的話，那不妨就對部屬或小孩發脾氣吧！

總之，保持生氣的一致性非常重要，千萬不要有雙重標準喔。

小蝦米的怒吼！「平地一聲雷」最有效

「從下往上」宣洩怒氣時，要利用「反差」

自己的錯就算再離譜，也會想辦法遮掩；可是部屬一有錯，就會鬧得人盡皆知。職場上是不是常有這種情況？

「每次跟他報告都不仔細聽，一旦發生什麼問題了就氣得跳腳，怪我們說：『都沒人告訴我！』碰到這種上司，不吐血才怪。」

「問題是他的位階比我高，就算他再不講理，我也不可能直接衝著他發脾氣吧？」

這個時候，該怎麼辦才好呢？

我在某本雜誌上讀到前外交官佐藤優先生的文章，覺得他講的話頗具參考價值，據說佐藤先生從前輩外交官身上學到這樣的小技巧：

「講話的時候要盡量輕聲細語。平常習慣扯開嗓門說話的人，如果真的碰到要緊的時候，就算再怎麼大吼，別人也沒有感覺。人類的魄力，來自於跟平常不一樣的反差。」

活用怒氣小技巧

想要在怒吼的時候得到最佳效果，平常就要先養成用最小音量說話的習慣。

這個技巧可以用在「由下往上」把怒氣傳達出去的時候。

身為部屬的人，平常跟上司講話要盡量做到和顏悅色。就算有點生氣、心裡很嘔，也要努力維持笑臉。

可是，真的受到不公平待遇，或是真的被提出無理要求時，就不要客氣了：「我不要！」「拜託，別再這樣！」用比平常大上好幾倍的音量大聲抗議，清楚表達自己的不滿。

因為你表現得跟平常不一樣，做上司的肯定會嚇一跳，心想：「不妙！」也就不敢太放肆了。

除了改變「音量」、「聲調」有效之外，改變「態度」也有同樣的效果。

因為人類的魄力來自於跟平常不一樣的「反差」，把握反差的原則就對了。

喜歡斤斤計較，動不動就生氣的人，周遭的人應該已經對他的怒氣習以為常，見怪不怪了。倒是平常總是笑笑的好好先生，一旦生氣了，那才真是一鳴驚人呢！

怒氣御守

生氣的魄力，來自於跟平常不一樣的「反差」。
平常要努力保持穩重，不要亂發脾氣；
真碰到緊要關頭的時候，再大聲、清楚地表達自己的憤怒。

罪狀錄──讓「使你生氣的人／事」現形

剖析心底發出的怒氣，找出核心癥結點

當一個人真的很生氣的時候，會「看什麼都不順眼」，動不動就生氣。

比方說，雙薪家庭的太太，一直以來很不滿意先生都不幫忙做家事或照顧孩子。看到先生在看電視，悠閒地吃著晚餐，太太就會一肚子牢騷，兩眼冒火。這種不滿的情緒累積到一個程度，就連先生因為工作的關係辛苦加班而晚回家，她也會生氣地唸上幾句：「你做事可不可以有效率一點？別總是拖拖拉拉的！」

丈夫可說是動輒得咎，不管做什麼都會惹太太生氣。

首先，分析一下丈夫的哪些行為，讓太太感到生氣。做太太的之所以對先生感到生氣，一言以蔽之，就為了一件事：「他都不幫忙做家事，也不幫忙帶孩子。」先把整個看似混亂的怒氣現象拆解開來。

生氣癥結矩陣圖

仔細分析怒氣後，填入矩陣圖裡：

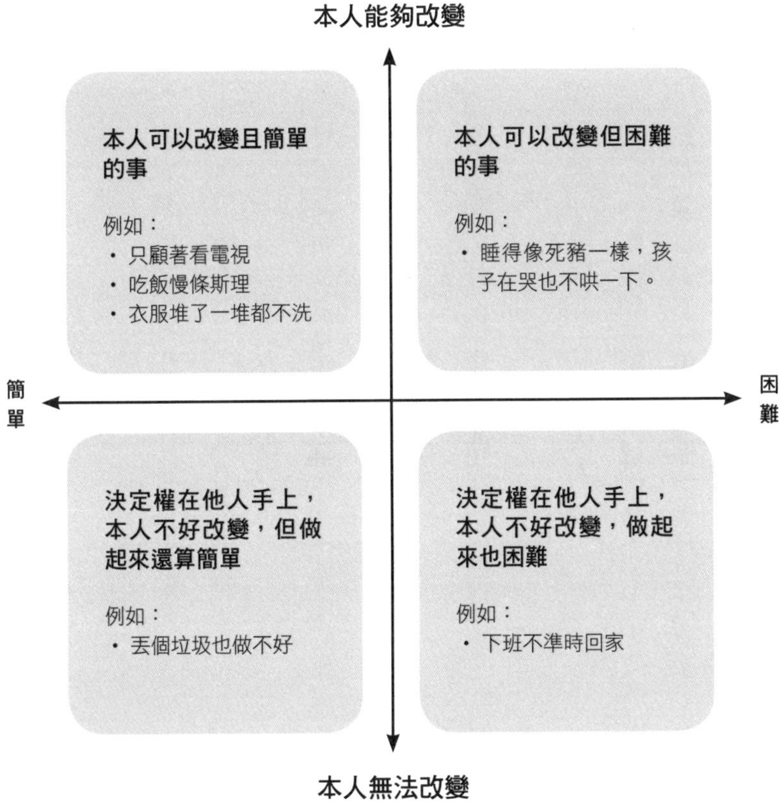

活用怒氣小技巧

這種情形要怎麼解決呢?請採取「將怒氣仔細分析,找出生氣的癥結點」,其中有兩個重點:

● 列出不爽清單——將發怒不快的事情列出來,仔細分析和歸類。
● 找出改善目標——釐清生氣的癥結點,明確舉出可以用行動改善的項目。

「只顧著看電視」、「吃飯慢條斯理」、「下班不準時回家」、「衣服堆了一堆都不洗」、「睡得像死豬一樣,孩子在哭也不哄一下」、「叫他去丟個垃圾也做不好」……像這樣,分析得越仔細越好,盡可能全部寫下來。

然後逐一審視,填入矩陣圖裡,把「生氣的癥結點」抓出來。

矩陣圖的縱軸一邊是「本人能夠改變的事」、一邊是「本人無法改變的事」;橫軸則是「困難」和「簡單」的分類。

「只顧著看電視」、「吃飯慢條斯理」,這個是「本人想改變就可以改變的事」。至於「孩子在哭也不哄一下」,因為先生當時已經睡著了,是在無意識的狀態下,所以就算想改變也心有餘而力不足,算是困難的事。

還有，「衣服堆了一堆都不洗」，洗衣籃裡髒衣服堆到什麼程度是該清洗的標準，先生尚可以調整；但「倒垃圾」這件事就很主觀了，因為倒垃圾的時機對不對是太太在打分數的，這就不是先生自己能掌控的了。

「回家不準時」這件事，要看主管和公司的情況，也不是先生說改變就能改變的，就算跟公司反應：「我要儘早回家，希望能減少工作量」，也不可能馬上就得到減少，可說是難度頗高，對吧？

太太可以使用這樣的角度去分析怒氣，把它們填進矩陣圖裡，從左上「本人能夠改變」且「簡單的事」開始要求起，就能冷靜地與丈夫溝通。

不懂得整理怒氣，只會胡亂發洩一通，不僅自己難過，對方也會覺得與你相處很困擾。

請務必學會「將怒氣仔細分析，抓出重點來解決」的技巧。

怒氣御守

真的氣到極點的時候，有時會不知道自己在氣什麼。
這時請嘗試分析怒氣，將它歸類，
然後，從中選出容易改變的部分，清楚傳達給對方知道。

目標圖——把「該死的傢伙」變成「我的夥伴」

與其浪費時間生氣，不如把該做的事「可視化」

前面那篇所說的方法，可以達到一定的效果，但要看彼此的關係狀況來使用。因為「把不滿寫下來」、「講出來」這件事，也有可能會演變成雙方互嗆的檢討大會。

為了避免這種情況，有一個美化表達技巧的好方法：

作家犬山柴子小姐在線上雜誌「Mama・Sta Select」所寫的做法，頗值得大家參考：

「你知不知道我家裡、工作兩頭燒，已經分身乏術了？你也幫忙分擔一點家事嘛！」據說犬山小姐累積了不少對丈夫發飆的經驗。

可是，當她這樣講的時候，先生的反應是：「我都有幫忙啊，我哪裡沒有幫忙？」犬山小姐被堵得啞口無言，不過，聰明的她並沒有氣到抓狂，而是做了以下的事：

合作事項提醒單

將任務、目標可視化，做起來將容易許多：

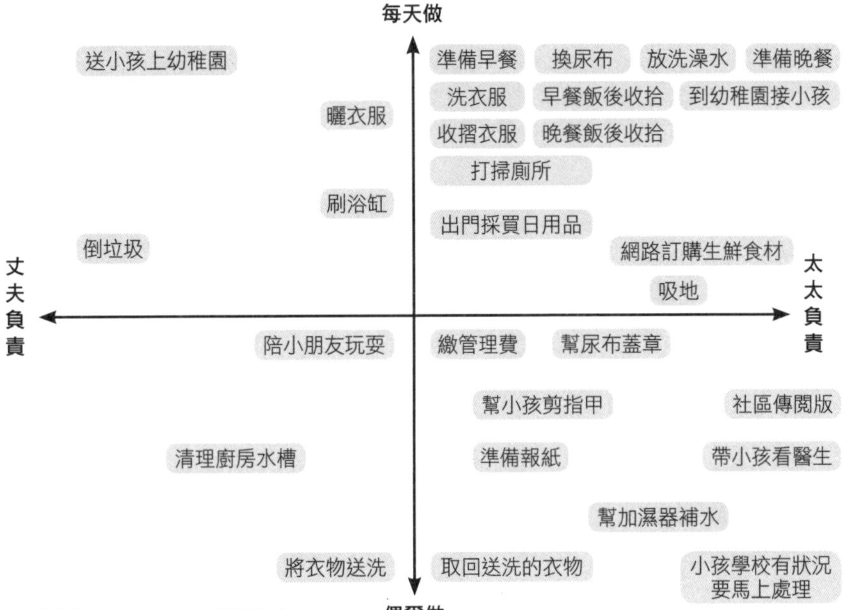

參考「Mama・Sta Select」的網頁作成

活用怒氣小技巧

將前面所說的矩陣圖分析法稍加改良，將家事和育兒任務「可視化」。

矩陣圖的橫軸表示「主要由丈夫或妻子執行的任務」，縱軸則是「任務執行的頻率」。

這張圖完成後，會發現妻子負擔的家事確實比較多。真相會說話，這下丈夫總

怒氣御守

與其一直陷在「不滿的情緒」中，
不如把「該做的事」簡化、圖像化，
試著從做得到的事開始做起。

算心服口服了。

接著，犬山小姐把圖表貼在冰箱上，從右下角的「主要是妻子在做的不定期任務」開始要求丈夫幫忙。

結果，只要丈夫發現老婆又在生氣了，就會看一下那張圖，主動幫忙，或是問說：「要不要我去〇〇？」

犬山小姐的分享，之所以讓我覺得了不起，主要是因為她不是「把不滿寫出來」，而是把「目標寫出來」。

前一篇的做法是「將不滿可視化」，比較適合用在自己分析怒氣原因時使用。若公開來，那會讓做妻子的越看越生氣，也有可能惹得老公翻臉，惱羞成怒。

犬山小姐「將目標可視化」，就不會有這樣的困擾了。

當因為對方「不幫忙」而感到生氣時，看到這個積極的「目標圖」，也就不會越想越生氣，而能夠把精神集中在該做的事情上頭。

「義憤填膺」卻束手無策時……

如果沒能力改善社會，就暫且把怒氣留在電視機前

中國理學家朱熹在《四書章句集注》中講述「大勇」與「小勇」之別時，曾引張敬夫所言：「血氣之怒不可有，理義之怒不可無。」

一時衝動、為了小事生氣，是不可取的行為；但碰到不合情理、不公不義的事情時，就一定要生氣。這是什麼道理呢？

如今隔著遙遠的大海，在中東、非洲等國家，依舊是戰事不斷。看到這種情況感到心痛，恨不得能阻止它的人應該不在少數吧？

這種怒氣是好的，反而不生氣才是不對的。

對世界始終無法消弭戰爭的情況感到心痛，有人甚至立志要成為記者或政治家。出於一股「義憤」、「正義感」，心想「能改變一點是一點」，因而選擇相關職業的人，我覺得很偉大。

但，話又說回來了，一介上班族如果因為擔心「戰爭始終無法消失」而難以專心工作，你覺得會怎麼樣？

「世界怎麼那麼亂！」家庭主婦如果每天怒氣沖沖地做著家事，又會是怎樣的情況？恐怕連日常生活都會受到影響吧？

換句話說，對社會的不公不義感到生氣，是很重要也很正確沒錯；但如果因此妨礙到自己的工作或正常生活的話，那就是本末倒置了。

活用怒氣小技巧

有些事就算再生氣也於事無補，如果自己個人並沒有具體可以改變現狀的方法，這個時候，是不是該退一步，試著放下？把自己的生活先過好。

對社會問題感到生氣，是身為社會一分子的責任。吃飯時看著報紙、新聞，一邊拍桌怒罵：「現在的政治真亂。」也算是很多人生活的一部分。基於「為了下一代，必須注重環保議題」的義憤，積極參與志工活動，把怒氣化為正向行動，會不會比口頭上的抱怨和無用的發怒更有建設性？

義憤填膺本身沒有對錯，但是沒有積極的作為時，若單只是氣憤過了頭，不但會搞得自己很焦慮，還會破壞生活的氣氛，引起周圍人的不快，所以不可不慎。

分寸的拿捏就在於：這股怒氣是不是「影響到自己的人生了？」以此為衡量的標準，適時踩剎車。

第4章

利己不傷人的宣洩術：

只會生悶氣，「敢怒不敢言」的時候

不想像「鬥雞」到處發脾氣，但也不甘心當個「悶葫蘆」。
練習「降低發怒門檻」，應用幾招「優雅發怒術」，
立即感受爽快的人生吧！

討厭「當俗辣」，但是「我害怕……」

觀察「就算生氣也不會被討厭的人」有什麼特徵？

經常舉辦怒氣管理的研討會和演講，我從中發現了一個很有趣的現象，而且很多人都有這樣的困擾，那就是「想生氣卻生不了氣」。

有人像鬥雞一樣，一天到晚亂發脾氣；有人卻是「不知道要怎麼生氣」。我覺得日本人特別有後者的困擾。

所以，第四章要來說說日本人常見的困擾——敢怒不敢言，想生氣卻生不了氣的問題。

為什麼人會敢怒不敢言，想生氣卻生不了氣呢？

不會生氣的人，你問他：「你為什麼不生氣？」他的回答不外是：

- 我怕生氣了會破壞大家的感情。
- 我怕生氣了會被討厭。

●我怕對方會不高興。

換句話說，這種人怕自己一旦生氣了會給對方不好的印象、被對方討厭，傷了彼此的和氣。

基本上，我覺得他的「擔心」有問題。

因為他所害怕的結果，可能都是他「自己想像的」。

「我應該～」、「絕對不可以～」，怒氣管理稱這種固定僵化的想法為「核心信念（core belief）」。核心信念指的是不管事實如何，總是堅信「自己這樣做才是對的」。

想生氣卻生不了氣的人，擁有非常強的核心信念，認為「生氣會對人際關係帶來損失，所以絕對不可以生氣。」

當然，生氣會有「負面」的影響。

但生氣也有「好的、有利的」一面。

比如說，藉由生氣，我們「可以表達自己的情感」、「加深彼此的理解」、「抗議所受到的不公平待遇」、「爭回自己的權益」、「變得更有奮鬥的衝勁」

等等。

不了解生氣的利弊得失，只一味地告訴自己「不可以生氣」，正是「想生氣卻生不了氣」的原因。

那麼，要怎麼做才能生得了氣呢？

簡單，把「絕對不可以生氣」的觀念改成「就算生氣也沒有關係」就行了。

但是，觀念這種東西，哪是說改變就改變的？

這點疑問我可以理解，所以我勸你先從「想像」的練習開始做起—根據以下條件，想想看，各舉出一個適當的例子：

●怎樣的情況下，就算生氣也不會破壞人際關係？

●有誰經常生氣，人緣依舊很好？

●有沒有誰被罵完後，還對罵他的人說：「謝謝」？

活用怒氣小技巧

請試著想像生氣有利的一面。

多想幾個這樣的例子，你應該就會有所發現：「喔，原來這種事是可以生氣的。」「原來還有那樣的生氣法呀！」然後，試著自己也小小的生氣看看。

慢慢的，你會改變想法：「碰到類似的情形，說不定我也可以把怒氣發洩出來。」不再一味地相信「絕對不能生氣」了。

怒氣御守

「不管怎樣，絕對不能生氣」的想法，是你自己認為的。
「生氣又何妨？」想要扭轉核心信念，
不妨從想像生氣有利的一面開始做起。

吭出氣、冒出火藥味，以行動激發熱血的練習

實際生氣一次看看，體驗「想生氣時，真的生氣也沒關係」的感覺

話是這麼說啦，但要一下子把核心信念的價值觀從「絕對不可以生氣」改成「就算生氣也沒有關係」，談何容易！

這種時候，你還可以試試別的方法。這個方法對改變價值觀也有幫助，那就是藉由「改變行動」來「改變價值觀」。

要改變「我就是不喜歡運動」的價值觀，首先，就要先嘗試運動看看，任何一種運動都好。說不定會因此發現：「我雖然不喜歡棒球和足球，但游泳還挺有趣的」。

要改變一個人的挑食習慣，不妨從烹調下功夫，讓他願意開口吃、產生嘗試的行動比較重要。說不定有些食物生的他不敢吃，但煮熟的或調味過後他就敢吃了。

降低發怒門檻

具體的作法是，舉幾個自己「想生氣卻生不了氣」的例子，想想看要怎麼做，才能把怒氣傳達出去：

未爆彈 **缺乏幹勁的部屬**——把工作都推給其他同事，大家都已經忙得焦頭爛額了，他老兄依然準時下班。真想對他說：「這陣子這麼忙，你可不可以多分擔一點？你有約會在先，難道別人就沒有嗎？」

未爆彈 **平常總叫「沒錢」的老婆**——每次逛街總會買一堆沒用的東西回來，同樣的衣服也是一掃就好幾件，真想對她說：「妳可不可以真正有需要的再買？」

未爆彈 **不守時、開會時間**——改再改的上司—真想對他說：「那些跑外務的人都是抽空回來開會的。一旦時間有變，勢必造成很多人的不便與業績損失。」

像這樣，多想幾個一直隱忍不敢發作的例子。然後，從中選出「感覺比較容易說出口」的，試著把怒氣傳達給對方知道。

藉由實際行動來改變價值觀，基本上效果都不錯。

活用怒氣小技巧

同樣的道理，根深蒂固相信「絕對不可以生氣」的人，不妨先找個對象，真的「生氣」看看。

練習生氣的時候，建議先從小的不滿開始生氣起，不要一下就挑大的。

「想生氣卻生不了氣」的人，對別人的無理要求和任性，本來就比較逆來順受。換句話說，要他「真的生氣」可能門檻比別人高出許多。

怒氣御守

實際生氣後你便會發現：「就算生氣也沒有關係」。
把讓你「敢怒不敢言」的人、事、物清楚寫下來，
從中挑出一、兩件容易的，試著生氣看看。

所以，要先「降低一下生氣的門檻」。

結果，你也許會發現對方的反應竟然是：「對不起，我下次會注意。」或是「歹勢啦，這個你應該早點告訴我。」之類的話。

也有可能對方一開始聽到你說的話時很生氣，但事後想想是自己不對，反而還跑來跟你道歉。

當然，你在表達怒氣時，沒必要大聲咆哮、鬼吼鬼叫。只需冷靜地告訴對方：「我對○○感到不滿。」、「○○事讓我生氣」就行了。

生氣，某種程度是在表達自己的意思，讓對方知道「你是怎麼想的」。

你有可能得到認同，也有可能被反對。

但不管怎麼說，總要先表達出去了，才知道會不會得到認同。

所以，請拿出勇氣，試著生氣一次看看。

事實上，平常越是想生氣卻生不了氣的人，「真的生氣」起來時效果會越好唷。

別用「複習生氣」來苦惱自己

「抱怨」是在腦子裡重現不開心的事情，盡量不要抱怨

對於習慣壓抑怒氣、敢怒不敢言的日本人而言，最容易犯的毛病就是「抱怨」。

不過，基本上我覺得這個毛病要改掉才好。就像背英語單字一樣，一再叨唸同樣的事，會讓那件事深植在你的記憶裡，再也揮之不去。

換句話說，嘴裡一直抱怨討厭的事，那討厭的感覺就會一直留存在你心中。

比方說，坐在隔壁的前輩就像監視器一樣，整天盯著你，管東管西的。你心裡覺得很煩，但平心而論，他並沒有惡意，況且他又是前輩。

「真討厭！」雖然你快要被他煩死了，卻不好把「拜託你別那麼雞婆」的話說出口。

於是，跟朋友吃飯的時候，回到家裡的時候，忍不住抱怨了幾句：「坐我

怒氣御守

抱怨是把不好的情緒重新體驗一遍。
偶一為之，無可厚非，
但要盡快把它趕出日常生活的習慣裡。

隔壁的前輩，真是有夠煩的，今天也是囉哩八嗦地唸了一堆。」然而，就在你抱怨的時候，免不了在腦海裡又把今天發生的鳥事重演了一遍。

很自然的，你也把對前輩的厭惡感，重新體會了一遍。

像這樣，抱怨的次數多了，會發生怎樣的事呢？

「真討厭前輩什麼事都要管！」你的抱怨會不斷地把這樣的感覺加深。

到最後，覺得「前輩很煩」的厭惡感已經深植在你心中，你會特別在乎他的一舉一動，生怕他下一秒又來下指導棋了。

所以我說，如果可以的話，盡量不要抱怨。

活用怒氣小技巧

想發牢騷的時候，可以改口聊聊最近自己熱衷的休閒活動，或正在追的電視節目，總之，不要讓抱怨的念頭有成長的空間。

如果，無論如何就是想說、不吐不快的話，那就「一次講完，限時五分鐘。」

規定好抱怨的時間，僅此一次，下不為例喲！

拐彎抹角「演」得辛苦，但別人看懂嗎？

不要再藉由煩躁不安來表達自己的辛苦

「敢怒不敢言」的人有一種傾向，那就是他們會表現得很暴躁，希望藉此讓人察覺到自己在生氣。

可是，這樣做對自己還有對身邊的人來說，都不是健康、建設性的做法。

舉例來說，面對資質不佳、能力又不好的部屬，做上司的很想生氣卻不能生氣，所以一整天他的心情都很煩躁。搞得其他部屬也緊張兮兮的，生怕會掃到颱風尾。

明明是顧客不講理又態度惡劣，可是身為服務人員又不能對他怎麼樣，於是在招呼下一組客人的時候，他的臉就臭臭的。其他客人並不知道事情的來龍去脈，不禁在心裡猜想：「那個店員是吃錯藥了嗎？」對那家店的評價也因此降低了。

又或者，碰到狡猾、難溝通、我行我素的婆婆，做媳婦的明知生氣也沒用，卻還是想不開，每次只要陪丈夫回家看父母就擺個臭臉，搞得先生、小孩、公公不知道該怎麼辦。

以上這些案列，自己不好受也就算了，連周圍的人也被牽扯進去。長此以往，最後吃虧的還是自己。

有些時候你就是不能生氣，甚至生氣了也沒有用。

可是，把「想生氣卻不能生氣」的心情，表現在暴躁的脾氣上或表情上，一不小心可能會傷害到不相干的人，甚至是支持你、關心你的人。

這時要怎麼辦才好呢？

「暴躁」也好，「生氣」也罷，簡單來說，背後都懷著這樣的心思：

「我覺得很辛苦，你知不知道？」

「我不想再忍受下去了，我想要改變現狀。」

當你覺得辛苦、覺得委屈，或許我們可以想想：有沒有其他方法，可以紓解這樣的情緒和壓力？

只要紓解了「想要生氣」背後的「苦悶」心情，情況應該就能改善許多。

舉例來說，我有一個認識的業務，每次輪到他去拜訪「想生氣卻不能生氣」、「特別會把別人惹毛」的客戶之前，他就會在上班時抽出時間，自己一個人去唱卡拉ＯＫ。你可能覺得他這樣是翹班，但總比到客戶那邊被客戶惹毛、把生意搞砸了要來得好吧？

還有，我有一位女性友人，每次只要去見她那位不對盤的婆婆，她就會先上美容院做頭髮、按摩，紓解壓力。

活用怒氣小技巧

你也可以學這種懂得紓壓的人，找出讓自己放鬆的方法，想辦法把積壓在心底的「辛苦」和「委屈」能紓解一點是一點。

當因為「想生氣卻不能生氣」而變得很暴躁時，用其他管道來紓解不滿，不失為一個變通方式。

怒氣御守

不要用脾氣暴躁來表達
「想生氣卻不能生氣」的不滿，
找出會讓自己愉快的替代紓壓方式。

碰上「鳥事」，勇敢使用你的「生氣權」

要有「就算生氣也會被原諒」的自信

「你什麼時候才能做出我要的東西呀？」你已經努力交了好幾次報告書，卻一直被退件，他竟然還咄咄逼人地說：「限你明天把資料交上來。」碰到這樣的上司，你會怎麼做？

A先生的做法是：「你可不可以告訴我你要什麼？不事先講清楚，我很難做事欸。」

B先生則是嘴巴說：「我知道了。」心裡卻很不服氣：「該死的傢伙，又退我件。我到底是哪裡不如他的意了？還是我真的不行、能力不夠？」情緒變得十分低落。

相較於A先生，B先生的性格更偏向於「敢怒不敢言」。

某種程度上，B先生比較有毅力。換句話說，他是那種自律甚嚴的人，覺得「做不好是我不對」，因此更「扯不下臉說我做不到」。

然而，這樣的個性也讓他總是習慣責怪自己：「都是我的錯」、「是我能力不足」、「是我不夠努力」。

心底的憤怒和不滿不敢讓對方知道，又沒其他的出口可以宣洩，於是只好反撲回自己身上。

久而久之，這些積怨都會變成壓力，把身體搞壞了不說，心理也會跟著生病。本來應該是保護自己的「怒氣」，竟變成傷害自己的兇手，這不是本末倒置了嗎？

反觀A先生，雖然只是稍微反應一下：「你的指令我不清楚」，或是雙手一攤，直接擺明了「我做不到！」自己心中的壓力紓解不少，對方也比較能明白他的狀況，而有機會做出調整。人家就是有那個自信，覺得「就算我生氣了也會被原諒」、「有話直說，沒關係的。」

其實，在這個社會上走跳，有時臉皮要厚一點、要有自信一點，才比較容易生存吧？

如果你也是像B先生一樣自律甚嚴，放不下面子撒潑、要賴的話，那也不

怒氣御守

懂得生氣的人，同時也是比較相信別人的人。
藉由「向他人撒嬌」、「直率表達自己的情感」，
把「絕對不可以生氣」的觀念扭轉過來。

用刻意勉強一定要用「攻擊性」、「敵對性」的方式把怒氣發出去。

活用怒氣小技巧

轉個彎，以自己做得來的方式──溫和一點的版本，像是試著學會「向別人撒嬌」、「清楚地說出自己的感受」，試著多依賴別人一點，多相信別人一點。

比方說，碰到前面那種很愛挑剔的上司，當你心裡覺得「到底哪裡不好又不說清楚，這樣我很難做事……」的時候，請直接說出：「這樣讓我很困擾。」或是，當你覺得「無論如何都達不到他的要求」時，請試著老實告訴他：「我覺得太難了，我做不到。」

像這樣，多嘗試幾次，你就會發現：「覺得不爽時真的可以生氣」、「覺得對方很過分時，真的可以生氣」。漸漸的，也就知道要怎麼發脾氣了。

具體約定，是最中肯的原諒

改進要項一定要註明「下次開始」，說清楚講明白

「想生氣卻生不了氣」的人，常常為了思考「要怎樣表達我的怒氣？」「要怎麼說才恰當？」而錯失了生氣的黃金時機，結果反而再度造成了自己的壓力。忍氣吞聲，對事情並沒有幫助。

想要改變現狀，唯一的方法就是向對方具體說出你的要求。比方說，面對「想要對他發脾氣卻發不了脾氣」的部屬。首先，你要知道，你生氣的目的是為了「讓對方知道你的感覺和訴求」。

因此，你不需要鬼吼鬼叫或破口大罵。你只要簡單、明瞭地告訴他「我希望你怎麼做」就行了。

譬如，跟上司約好了要績效面談，自己卻遲到的部屬。你問他為什麼遲到，他的理由是：「因為先去客戶那邊，不小心拖到時間了。」

上司生氣的理由有兩個：一是「既然知道會遲到，那從客戶那邊出來的時候，就應該馬上打電話。」或是：「要去拜訪客戶之前，你應該先跟我報備，讓我有心理準備。」

所以，身為上司最好這麼說：「下次再有這種情況，知道在客戶那邊可能會拖到時間，一出來就要馬上打電話。」

「下次如果你要在面談那天去拜訪客戶的話，請事先知會我，讓我有心理準備。」

不管你的訴求有幾個，記住一定要在前面加上「下次」兩個字。

相對的，「不會發脾氣的人」往往會用以下的方式來宣洩積壓已久的怒氣：

「怎麼你都不用報備的？」

「為什麼你不先打電話進來？」

這種宣洩方式中「怎麼？」「為什麼？」聽起來好像是在問他理由，其實是在責備他，說了只會傷感情，而沒有改進的效果。

要避免類似情況發生，提出訴求時請務必加上「下次」兩個字，明確說出你對他的期許。就像前面提到過的，在表達憤怒的時候，「放眼未來」會比較有建設性。

活用怒氣小技巧

請清楚地告訴對方，你希望他怎麼做：

「在什麼情況下」、「什麼時候」、「怎麼做」，指令要盡可能清楚明白。

比方說：如果「在客戶那邊會拖到時間」的情況下，應該「一離開客戶公司就要馬上打電話」，或是「希望你能電話跟我報備」等等。

如果可以的話，把「為什麼希望他這樣做」的理由也告訴他。

「如果你趕不及回來面談的話，事先通知我，我還可以把別人面談的時間調換一下」，或是「這樣我可以預作準備，不會影響到後面的人」等等，這樣部屬應該就能理解為什麼你要求他要報備。

- 具體地告訴對方：「下次希望你能這樣做。」
- 順便把「為什麼我希望你這樣做」的理由也交代清楚。

請掌握這兩個重點，試著挑戰看看。

怒氣御守

質問「為什麼你不能～」，只是在責備對方而已。

「下次希望你能～」應該這樣告訴他你對未來的期許。

「說服力」比「攻擊性」更能打動人心

練習在短時間內找到精準的表達詞彙

有一次，我參加某位大哥級藝人主持的綜藝節目。

那次的經驗讓我深刻體會到：要在有限的時間內把自己的理念講出來，而且還不能造成別人的誤解，實在是非常困難。

比方說，他們給我的課題是：「現在請用幾句話，把這本書的內容介紹給觀眾知道。限時三十秒，開始！」

而且，邊講還要邊留意該如何遣詞用句，才能吸引觀眾的注意力，提高收視率。

所以，在正式錄影之前，我跟工作人員反覆對了好幾次台詞。

「剛剛那種講法比較好。」「這樣講，觀眾可能會覺得太無趣。」「時間要再縮短五秒鐘。」之類的，工作人員非常細心地指導我要怎麼做。

發飆模擬：與「假想敵」溝通演練

私下練習的時候，不妨想像「想發飆的對象」就站在你面前，一邊計時一邊練習講話：

第一次預演模擬
什麼都別想地盡情發洩，看你總共講了幾分鐘。

第二次預演模擬
把想講的話整理一下，挑戰看看可不可以把時間縮減一半。

對他們來說，收視率就是一切。

但對身為怒氣專家的我來說，我比較在乎的是：「千萬不能為了提高收視率而誤導觀眾。」

換句話說，工作人員希望我「表現得活潑一點，就算譁眾取寵也沒有關係」；但我卻堅持「寧可呆板無趣，資訊的傳達一定要正確」。

一加一大於二的視野，讓我覺得跟他們共事的這個機會，對我來說是一種很好的學習。

在表達憤怒的時候也是一樣的，「遣辭用句」尤其重要，除了要考慮不要帶著太多情緒性的字眼，說話的表情神態也要注意，在溝通中是否清楚傳達自己的意思，說的話是否能吸引對方，讓對方想要聽、想了解才有用。

「想生氣卻生不了氣」的人，有部分原因是因為所知道的詞彙太少了，沒有什麼適當的詞彙好運用，或是不知道該如何選擇詞彙來溝通才有力量。

生氣的時候，很多人會指著對方的鼻子罵「你這傢伙」，如果把「你這傢伙」換成「你」，甚至是「您」的話，給人的感覺是不是很不一樣？

稍微換個用詞，情況就會完全改觀。

所以，磨練遣詞用字的技巧非常重要。

「生氣」這種情感，其實透過用字遣詞，有很多方式可以表達，也可以表達出很多不同的效果。

明明你就沒那麼生氣，那就不要用「讓我覺得『憤怒』的是……」這種用詞。你可以改用「我『在意』的是……」這樣應該會比較恰當。

活用怒氣小技巧

平常請多想想「自己有多氣、在氣什麼」，還有「哪些詞彙可以跟自己的情緒兜得起來」、「這個時候這樣講是否恰當」，平日請多學習、補充表達憤怒的詞彙喔！

此外，多做練習，讓自己在短時間內把感覺精確地說出來，這一點表達能力也很重要。

有時氣過頭了，會語無倫次地亂罵一通。你是因為一時太激動了，可是聽在對方耳裡，直接產生傷害力，可能會覺得「好囉嗦」、「真沒禮貌」或是「太過分了」等負面的感受。

藉由這種方式，練習有重點地跟對方溝通，在短時間內找到適當的詞彙，準確地表達怒意，這種能力非常重要。這是我參加電視錄影後得到的重要體悟。

怒氣御守

試著多學一些情緒表達的詞彙。

然後，從平日裡就要注意：

我所選用的詞彙是否跟我此刻的心情「兜得起來」。

氣極時，仍為對方保留「尊嚴」

以「我」為主語表達不滿，意在溝通，不在壓制

該發脾氣時，就要發脾氣。

我是這麼認為的。只是還要考慮一下「時機」是否恰當。

舉例來說，某人在之前的工作單位一直被打壓，能力不得伸展，於是他只好請調別的單位。沒想到他調職之後，馬上成功拿到了大案子。然後，在慶功宴的酒席上，他把前任上司批評得一無是處：

「之前那個上司，真是可惡透頂。提個企劃案他一直挑毛病，就是不給你過，對屬下更是刻薄。可是他自己呢，連對產品的基本概念都沒有……」

依我看，這樣發洩怒氣實在很不好。

想生氣卻生不了氣的人，總是在不適當的場合把積壓已久的怒氣宣洩出來，這便是個典型的例子。

這個上班族一拿到案子就馬上吐槽前上司，就算前任上司真的如他所說那麼惡劣好了，在這樣的時機提出批評還是不太好。因為會給人留下「你取得一點成功就驕傲自滿」的不好印象。

活用怒氣小技巧

決定要發脾氣，應該在「感覺生氣的那一刻」就表達出來，中間不要隔太久的時間，這才是明智之舉。

「我從以前就這麼認為……」更要盡量避免講出這句話。

為什麼呢？因為惹你生氣的對象通常都記不了那麼多。你這樣講，只會讓他感覺你在「翻舊帳」。

可是，萬一當下不好講、說不出口的話，要怎麼辦？

那我勸你乾脆就別講了，靜待下次的機會。

你只要在心裡打定主意：「下次再碰到同樣的情況，我一定要這樣說」就行了。

此外，為求保險起見，說的時候記得在前面加上「我有一句話不知該不該講……」、「這可能是我個人的感覺……」之類的話作為緩衝的前奏。這樣可以讓對方有心理準備，知道接下來可能會聽到「不該講的話」或是「難聽的話」。

再者強調「這是我個人的感覺啦」、「我是這樣覺得啦」也是重點。注意！是「我」不是「大家」喔。

「你不應該遲到。」

「已經出社會了，不應該再找藉口。」

像這樣，用大家認為「應該要～」的語氣說話，容易讓聽的人覺得不快，認為你在對他說教。

「你遲到會讓我很困擾。」

「我個人不太喜歡別人找藉口。」

盡可能以「我」為主語來表達不滿。

聽的人聽到「我認為～」，會覺得那頂多就是你個人的意見，心態上也比較容易接受。

魔鬼藏在細節裡。這些小技巧看似沒什麼，影響卻很大。
「想生氣卻生不了氣」的人把它記下來並善加運用，絕對有好處。

怒氣御守

合理的生氣需要把握時機，不要間隔太久。
記得前面先加一句緩衝的話，讓對方有心理準備，
以「我」為主語來表達不滿，也是技巧之一。

選擇「生氣」或「不生氣」，都會產生贏家

沒有結論的反省，不如努力創造選擇後的結果

A先生承包了某項工程，報價是八十萬。沒想到工作完成後，客戶那邊負責跟他聯繫的B先生竟然說：「因為經費不足，希望你能少收二十萬。」這件事A先生摸摸鼻子也就算了。

可是，有一天，他從同樣也是客戶的C先生那裡聽到，原來是B先生自己把A先生的報價講錯了，他不想更正、怕討上司罵，所以乾脆直接要求A先生這邊降價。

忍住怒火，A先生跑去找對方溝通，冷靜地要求B先生能夠按照原先說好的給付八十萬。

就在這時候，B先生竟然當著上司的面反咬他一口，說道：「是因為他的工程品質很差，我才扣他錢的。」

簡直是晴天霹靂的A先生大吼：「你不要太過分。請依照合約付清我八十萬。」一氣沖沖地站了起來。

好了，故事說完了，很顯然不對的人是B先生，A先生是受害者。

話說A先生生完氣後，也暗自反省了一下：「我在人家公司大吵大鬧的，會不會太超過了？」「也許我可以溫和一點表達我的訴求？」當然，他還很擔心：「萬一把客戶得罪了，以後都接不到案子怎麼辦？」

我在日本舉辦企業研討會的時候，經常聽到像A先生這樣的例子。學員們陷入兩難，問我說：「該怎麼辦？」

話說回來了，如果A先生的態度不強硬一點的話，他是不可能收足那八十萬的。只是，這樣正面衝突得冒著跟客戶撕破臉的風險，可能以後都不會有生意往來了。

也有可能去抗議了，還是只拿到六十萬，以後也做不成生意。這是最糟糕的情況。

所以說，他要考慮最糟糕的情況，為了以後的生意著想，硬把這口氣吞下去嗎？可以想見如果他這麼做的話，對方肯定會吃定他，這次只拿到六十萬不說，以後繼續合作還會被砍價砍得很兇……到底他要怎麼做才對？

這個問題，我也沒有標準答案。

不管怎麼做，都有可能讓你後悔，都有檢討的空間。

人生啊，有太多不知道該怎麼辦的時候了。

你不知道怎樣的選擇才是正確的，可是偏偏只能選一條路走。

活用怒氣小技巧

「生氣」也好，「不生氣」也罷，既然都有得失，反正你選了就選了，只能好好走下去，想辦法去做一些積極的事情，讓自己的選擇變得是正確的。

「想生氣卻生不了氣的人」往往會在生了氣以後，做太多的反省和檢討，兀自懊悔不已。

與其反省自己選擇的路而責怪自己，不如想想有什麼方法，可以證明自己的選擇是正確的，這樣還比較有建設性。

工作也好，面子也罷，有時就是「不能妥協」對吧？這個時候，「生氣」

就是必要的。

既然自己已經做好「要生氣」的決定，就不要再去「反省」或「後悔」，那樣只是在否定自己。自我否定沒有半點好處，與其「反省」或「後悔」，還不如把時間花在努力讓自己的選擇變得更好，你說不是嗎？

怒氣御守

我是「要生氣好」？還是「不要生氣好」？
這個問題通常沒有標準答案。
既然「已經生氣了」，就不要再去反省或檢討了。

第5章

建立自己的「最佳生氣模式」：

成為「活用怒氣的人」八項重要行動

「怒氣」是人體最大的能量，學會靈活運用，收放自如，你將在工作、人際和健康上獲得三倍以上的成功。

一定要「有原則」的生氣

HONDA的創始人、知名企業家本田宗一郎先生，聽說發起脾氣來是個不留情面的狠角色，有時甚至會出現「八點檔戲劇」的場面，又是砸東西又是踹人的。

但是，很多部屬或客戶還是打從心底敬愛著本田先生，這是什麼緣故呢？在我看來，那是因為本田先生的生氣是「有原則的生氣」。

聽說本田先生只會為了兩件事情生氣：一是關係到「人命」，二是關係到「技術」。

這是理所當然的，畢竟HONDA是製造汽車、摩托車的公司，只要產品稍有缺失，就會造成人命的風險。在他的信念裡，肯定覺得這種事一點錯誤都不能犯吧？

此外，東西賣得好不好，比的是各家的「技術」。「技術」是左右事業發展的生命線，也因此，做事的態度一刻也不能放鬆，必須精益求精才是，這也是經營者必須念茲在茲的事。

本田先生不是什麼事都生氣，只有觸犯到他的原則時他才會生氣，所以他是「有原則的生氣」。

從本田先生身上，我們可以發現：有力量的生氣，受人尊重的生氣，一定要合乎道理、有原則。

生氣要有原則，不只是做生意如此，與家人相處時也是一樣。

就說父母責備小孩好了，也一定要「有原則」。

「看到人要打招呼」、「要記得說謝謝」，平時嚴格要求小孩要有禮貌的父母，對小孩「作業忘了寫」、「放學不馬上回家」這些事若是不怎麼在意，總是由著他去，突然有一天父母卻又為了這些事大發雷霆，小孩必定搞不懂父母為什麼生氣吧？

所以，在教育方面，生氣也一定要有原則。

在固守原則之中，還要運用一點小技巧：在偶爾或特殊的情況下網開一面，稍微睜一隻眼、閉一隻眼，這樣能顯得你的寬宏大度，不至於讓人感覺你過於

怒氣御守

值得信賴的人，讓人願意追隨他的人，
肯定是個「有原則」的人。
與原則無關的生氣，他們會盡量避免。

僵化、冷酷、毫無彈性。

印象中，「意志堅定的人」、「值得信賴的人」，都是採行這樣的生氣法。

活用怒氣小技巧

想要成為活用怒氣的人，先問問自己是否能做到「有原則」又帶著「人情味」的這兩個條件。

問自己：「只是生氣就崩壞的人際關係，OK嗎？」

以下這段話，是某次座談時我從野呂エイシロウ（noru eishirou）先生那裡聽來的：

「我以前曾經看過雙胞胎吵架，他們血型一樣、出生日期一樣、成長環境也一樣，竟然可以吵到不可開交，真是讓我嚇了一跳。連雙胞胎都這樣了，那一般人和別人意見不合，不就是很正常的事？這世上有七十億人口，就算一百個人跟你絕交，應該也沒差吧？說到底，還是自己想開比較重要。」

當下我心想：「沒錯，說得真好。」

人的相處往往因為在乎對方，才會有生氣的情緒產生。有時我們這麼努力、急切地想要表達自己的想法，卻還是有些人無法理解，甚至，可能只是因為意見不同，一時口氣較差，朋友就因此離去……這真是無可奈何的事情。

即使同年同月同日生、同樣環境長大的雙胞胎，都會有意見不合、鬧翻了

的時候，更別說其他人了。遇到這種事，只能勸自己想開點，
如果能這樣想的話，心中的重擔應該會減少許多吧？
不只是我，我想很多人都有因為生氣導致人際關係緊張、破裂的經驗吧？
這個時候，我們會很沮喪，不斷地反省自己。
但我希望你能先問自己一個問題：
「對你來說，因為生氣就崩壞的情誼，真的有那麼重要嗎？」
如果你只是老實表達出自己的感受，並不是亂發脾氣，可是對方卻因為你的誠實而生氣離去，那我勸你也別阻攔、別扼腕了。

活用怒氣小技巧

當斷則斷，該捨則捨。有時人生就是要想開一點。

再說，「舊的不去，新的不來。」說不定這個人離開你之後，你反而有機會遇到跟你更為志趣相投的夥伴。
「再也不用勉強自己去配合對方了。」你的從容灑脫表現在生活態度上，

必定能為你吸引來更適合的朋友。

我感覺到，「能夠活用怒氣的人」在這方面的看法都顯得特別豁達。

只要你不是反射性地發脾氣，而是認真地想要與他溝通，若對方還是無法理解或是翻臉的話，那真的不用太在意。

能夠把這點想通，對人生而言也是很重要的，不是嗎？

怒氣御守

不要過度害怕「和別人起衝突」。
連同年同月同日生、同一對父母養大的雙胞胎，
都會因為意見不合而爭吵了，
更何況我們？

「討厭就是討厭」，像孩子一樣直率地生氣吧！

你身邊有沒有那種就算經常發脾氣，人緣還是很好的人？

我身邊就有。我心想：「怎麼會這樣？」進而發現了一件事：若說演藝圈裡誰「經常發脾氣、人緣還是很好」，非蛭子能收先生莫屬。

我在錄影的時候見到蛭子先生，發現他經常發脾氣，一點小事就能惹得他跳腳。可是，他的這些舉動並不會引起周圍人的不愉快，至少我沒那樣的感覺。

我在想，那是因為蛭子先生的發脾氣是「出於愛恨分明，像小孩一樣，有什麼說什麼」的關係。

他發脾氣不是出於什麼正義感，通常都是為了很簡單的理由：

「臭店員介紹得落落長，還讓不讓人家吃飯啊？」或「睏死了，怎麼還沒錄完啊？」或「別吵，你害我分心了！」等等，他一個大人卻經常像小孩似地發脾氣、使性子。

一般成年人總會想：「這樣做太幼稚了。」而拼命忍耐，可他卻把這樣的感情表達出來。

看到別人把自己想做卻做不到的事情很自然、很直接地做出來，人們的心裡除了「艷羨」外，還會對那人抱持著好感。

活用怒氣小技巧

像孩子一樣沉迷在遊戲中；像孩子一樣感到單純的喜悅；像孩子一樣讀書讀到忘我；像孩子一樣想哭就哭，淚流滿面。

同樣的，像孩子一樣，討厭就是討厭，直率地把怒氣表達出來。

這種態度，就是「經常生氣、人緣還是很好的人」非常重要的特質。

這樣的人，誰讓他不痛快，他就對誰發脾氣。不像其他人一直忍，忍到最後，卻把氣出在不相干的人頭上。

還有，他也不會讓自己的怒氣延燒。脾氣發完就算了，事後看到他又是笑瞇瞇的。

怒氣御守

不要因為覺得「太幼稚」而一味隱忍。
記住，偶爾也要像小孩一樣
想發脾氣就發脾氣。

自己愛恨分明、有話直說的人，自然也能尊重別人的好惡。
我覺得，「活用怒氣的人」也必須像小孩一樣，擁有純真的特質才行。

要當個就算沒有正當理由，也能為夥伴生氣的人

我在全國各地演講、授課的時候，經常會舉漫畫《海賊王》當例子。

為什麼呢？因為少年漫畫裡的怒氣，比較容易引起大家的共鳴。

少年漫畫裡的怒氣是怎樣的怒氣呢？

那是「即使沒有正當理由，也能為夥伴發火的怒氣。」

可能有讀者不知道《海賊王》，我大致說明一下：《海賊王》講的是主角魯夫為了成為海賊王，和同伴一起冒險犯難的故事。

魯夫是這群海賊的頭頭，平常總是吊兒郎噹的，有著海盜少見的開朗個性。

可是，他會為了夥伴生氣。當夥伴拼命努力還被嘲笑時，當夥伴遭遇生命危險時，他都會義無反顧地生氣。

反觀現實生活中的我們，又是如何呢？

「你會為了老婆（老公）生氣嗎？」

「你會為了同事生氣嗎？」

「你會為了下屬生氣嗎？」

請思考一下這個問題。

有正當理由的時候，我們也許會為了家人或夥伴遭受不公而發脾氣，那萬一沒有正當理由呢？你是不是就「生不了氣」了？

我想這種情形的人應該很多吧？

活用怒氣小技巧

然而，不管有沒有正當理由，「為了同伴受的苦我就是要生氣」，這點具有某種意義：

「能夠為同伴生氣」，代表你「百分之百支持他、相信他」。

比方說，在家族色彩濃厚、員工一百人以下的小公司裡，打從自己還是新人的時候，主管就親自帶著下屬跑業務，一起為公司打拼了十幾年，可是如今公司竟然一只人事命令，就把主管踢出了董事會，將他解雇。

「公司太過分了！」A先生忿忿不平，「我要跟老大同進退！」決定追隨主管到外面另起爐灶。

另一方面，有人認為「我不想捲入他們的紛爭。雖然老大對我們確實很照顧，但我也有自己的生活要過。」像是宣布要繼續留在公司的B先生。

誰對誰錯，不可一概而論。但站在有家室的人、生意人的立場，應該會覺得B先生的做法比較理性且明智吧？

可是，若從「有血性、有人情味」的觀點來看……A先生得到的支持肯定比較多。

他們都是主管一手栽培的，感念夥伴之間的恩義，難道不該為主管打抱不平嗎？

乍看之下，可能有人會覺得冷靜衡量自己的生計和前途，決定把怒氣壓下來的B先生，才是「活用怒氣的人」。但，真的是這樣嗎？

從長遠的角度來看，從「『信賴』是人生寶貴的資產」這樣的角度來看，「為了夥伴生氣」的A先生，或許才是活用怒氣的人。

怒氣御守

「你是否能為自己在乎的人生氣？」

就算沒有正當理由，為了夥伴，該生氣時還是要生氣。

這樣的人反而令人欽佩。

畫出一條「只有這點絕不退讓」的底線

太宰治非常有名的作品《奔跑吧！梅勒斯》，你知道嗎？

文章一開始寫道：

「梅勒斯憤怒至極，他發誓一定要除掉那個邪惡暴虐的國王！梅勒斯不懂政治，他只不過是一個普通的牧人。吹笛子，和羊群玩耍，如此度過每一天。然而對於邪惡，他比誰都倍加敏感。」

這篇《奔跑吧！梅勒斯》曾收錄在教科書裡，所以知道的人應該很多。一般認為這篇故事的主旨是在闡述「友情的偉大」、「信任」或是「人性的軟弱與堅強」。但在我看來，應該是「打從心底感到憤怒的重要性」才對。

梅勒斯雖不懂政治，卻「對邪惡十分敏感」。這一點強調出人性的基本良知。就算不是什麼學者、專家，也可以為了「不可欺侮弱小」、「不可隨意冤枉、處罰別人」這類做人最基本的道理生氣。這是我從《奔跑吧！梅勒斯》中學到的。

「活用怒氣的人」，是當你面對做人最基本的原則被傷害時，能毫不猶豫說「不」的人。

比方說，被上司欺壓、受盡凌辱的人；或是在黑心企業工作，領很少薪水還不得休息的人；或是被配偶、親友施以言語暴力的人，這些人，難道不該打從心底感到生氣嗎？

活用怒氣的人不會因為「反正說了也沒用」、「我不喜歡跟人爭」、「我還是再忍忍吧」等理由，顧忌周圍人的眼光，而繼續忍受不公平的待遇。

印度的社會運動家聖雄甘地，曾說過這樣一句話：「堅定地、打心底說出的『不』，遠勝於意在逢迎或避免麻煩而順口說出的『是』。」

活用怒氣小技巧

每個人心裡都應該有一條「絕對不能退讓」的底線。畫出來吧！

當有人踩到你的底線時，你是否能真的生氣？打從心底感到生氣？

這對人生而言，是何等重要的一件事啊！

怒氣御守

有些事情你必須生氣。

當自己的底線被踩到時，能否發自內心地感到生氣？

這點非常重要。

除了「真正想要的東西」，不要有其他欲望

有一次我去某家餐廳用餐，已經在吃甜點了，對方又送來一盤餅乾。

就在這個時候，我突然發現一件事：

明明肚子已經很飽了，可是看到附餐的甜點、免費招待的餅乾，又忍不住把它吃了下去。

然後，我很自然地產生這樣的疑問：「又不是特別想吃，幹嘛勉強自己吃呢？」

其實這問題很簡單，不想吃的話請對方拿回去就是了，但基於「不忍拒絕對方的好意」、「不吃的話多浪費」等理由，我還是把不怎麼想吃的甜點、餅乾給吞下了肚。

「早知道就不吃了。胃好撐，好難受。」「這下減肥又破功了……」最後，我得到的只有自我厭惡感。

這個經驗讓我體悟到：這世上有很多其實我們不怎麼想要、卻以為自己「想要」的東西。

更慘的是，我們還會為了這明明「不怎麼想要」的東西焦慮不安，飽受得不到的苦。

比方說：

「要不要試看看今年最流行的款式？」

「就要舉辦奧運了，有錢人都搬去灣區了。」

「你應該買一台符合你身分、地位的豪車。」

「為了以後就業順利，應該選讀名校才對。」

這樣的誘惑，每天充斥在你我周圍。

然而，流行服飾、灣區豪宅、高級房車、明星學校，這些真的是你想要的嗎？

說不定其實你並不想要，只因為那是世俗眼中「成功的證明」，你以為擁有它便可以「擁有幸福」，得不到便寢食難安，這不是本末倒置了嗎？

管它是不是人人嚮往的灣區豪宅，你不想住的話就不要去住。

管它是不是保證前途的明星學校，你不想讀的話就不要去讀。

怒氣御守

什麼是我真正想要的？

什麼是我真正想做的？

光是把這點想清楚，就可以減少許多焦慮。

臉書的創辦人馬克・祖克柏（Mark Zukerberg）即使已經躋身鉅富，卻不會刻意追求高級房車、名牌服飾。他的信念是：「就算再有錢，我也只買想要的東西。」

什麼是我真正想要的？

什麼是我真正想做的？

「活用怒氣的人」心中自有一番定論。

活用怒氣小技巧

像馬克・祖克柏（Mark Zukerberg）一樣，

要非常清楚自己的欲望，

才能管理好自己的欲望。

欲求不滿，也是使人生氣的原因之一。

既然都要生氣，幹嘛不為自己真正想要的東西生氣呢？

我認為有辦法這樣過活的人，才是能活用怒氣的人。

不要被負面情緒牽制，拿出設定「停損點」的勇氣

說到「輸給怒氣的人」，你最先想到的是怎樣的人？他有什麼特點？

我覺得相較於「動不動就發脾氣的人」，「被怒氣阻礙而無法前進的人」才是「輸給怒氣的人」。

比方說，出社會的第一份工作就碰到一位特別惡劣的主管，受盡他的欺壓凌辱：「你簡直是廢物！」被這樣臭罵是家常便飯，被指為「飯桶」、「笨蛋」也就算了，有時他心情不好，把你叫到會議室訓話，一訓就是二、三個小時。

「你乾脆辭職算了！」這樣的話主管說了不下百次。有一次，A先生氣不過而回嗆：「我不幹了！」順著主管的口風，他還真辭了。

「該死的傢伙！」A先生把自己的委屈、憤怒向朋友傾吐完後，心情總算是比較輕鬆了，隔天他馬上振作起來，出門去找工作。很快的，他找到新的工作，

開心地去新公司上班了。

另一邊的B先生呢？被主管說了不下百次：「你乾脆辭職算了！」他自己也覺得「待不下去了」，於是，隔天便遞出辭呈，打包回家吃自己。自那之後，他就很怕見到熟人，後來還罹患憂鬱症。

等情況稍有好轉後，他開始去找工作，心裡卻害怕：「要是又碰到像上次一樣的變態主管該怎麼辦？」這種擔憂，導致他找工作的過程不太順利。好不容易終於有一家公司叫他去上班，他卻因為被主管兇了兩句又不幹了。

就這樣十幾年過去了，A先生已經完全忘了第一間公司的事，在第二間公司做得風生水起，順利升遷，如今已結婚生子，過著快意的人生。

反觀B先生則是不停地換工作，而且還越換條件越差，因為他放假都宅在家裡，自然也不會認識什麼人，所以到現在都還是單身。每次只要碰到不順心的事，他就會想：「都是那傢伙害的！」把第一間公司的主管恨得牙癢癢的。

故事講完了，你說誰的人生比較充實、有意義呢？

一旦被「憤怒」這種負面的情緒所牽絆，我們便會忘了人生本來的目的——要快樂過日子。而白白糟蹋了自己的一生。

人生漫漫，運氣不好的話，大家都有可能遇到前面那種惡劣又變態的主管。也有可能在感情路上遇人不淑，被狠狠地甩了。又或者，捲入犯罪事件，官司纏身烏雲罩頂。

這個時候，我們難免會心生怨懟。人嘛，陷入低潮時感到鬱悶難平，這是理所當然的。可是，如果持續一直陷在那樣的情緒裡，只是在浪費自己的人生。

活用怒氣小技巧

就算心裡有多憤怒，也該適可而止，設定停損點。

「我絕對不原諒那個人。」就算你記恨一輩子好了，那人也好、過去也好，都不會有所改變。

此外，想著復仇、要給他好看，也不是健全的心態。往往仇都還沒報，就先把自己的幸福和健康給破壞了。

別再抱怨自己「運氣不好」、「沒有用」、「被錯待」了。

怒氣御守

不要緊緊抱著怨恨和不滿。
人生還有很多有趣的事情可做，
適時拿出停損怒氣的勇氣。

下定決心，往前看，要想：該怎樣運用這股怒氣，讓我的人生幸福起來。
人生要看長遠一點。對管理怒氣而言，拿出停損怒氣的勇氣非常重要。

「要不要生氣？」答案自在你心中

文章寫到這裡，若你問我：「是會生氣的人好？還是不會生氣的人好？」老實說，我無法給你標準答案。

但是有一點我可以確定：每個人都有自己的「情緒指南針」。生氣好？還是不生氣好？端看「你對你的人生有何要求」。

這個道理，是我去一家很有名的壽司店用餐時想通的。

壽司店的師傅通常都很嚴厲，對晚輩或弟子動輒打罵，不假辭色。

那是因為他們心中無時無刻不記掛著：「必須讓客人吃到好吃的壽司。」以及「我從師父那裡學到的技術，我自己琢磨而來的技術，必須傳給下一代」的使命感所致。

他們始終不敢忘記「自己的本分」。

是這樣的信念讓他們「敢於生氣」、「敢於嚴厲」。

或許，正在讀這本書的您也懷著「我要壯大自己的公司」、「我要幫助生活有困難的人」、「我要把古老的技藝傳承下去」等目的。

活用怒氣小技巧

為了達成某些重要的目的，有時你必須有膽識做出「生氣」的選擇。

換句話說，「生氣」是實現自我的過程中，不得不採取的一種手段。

我替怒氣管理取了個小名，叫「適當分配怒氣的技術」。

怎樣的場合才算「適當」？多少的量才算「適當」？答案因人而異。

因此，若想成為「活用怒氣的人」，凡事必須先想清楚「要不要對這件事生氣」？

答案自在你心中，只有你自己能決定。

怒氣御守

你對你的人生有何要求？
這會影響你怎樣「分配你的怒氣」。
答案自在你心中，只有你自己能決定。

—後記—

這是在我國中三年級發生的事。

當時父親因為我的功課，發了好大的脾氣。

我自覺功課並沒有那麼差，因此對父親的臭罵起了很大的反彈。結果，我越反彈父親就越生氣，到後來竟演變成父子對槓的局面。

我甚至說出：「我也不想待在這個家啊！」、「真希望我的父母不是你們！」、「啊，多希望我是別人家的小孩……」這樣的渾話來。

後來，我的高中聯考果然考壞了，但我一點都沒有後悔的意思，反而因為「讓父母希望落空了」而洋洋得意。可見我當時有多剛愎自用、自掘墳墓啊！

出社會後我還是依然故我，每次被上司罵了，我心裡總是想：「這個主管不懂得欣賞我，不待也罷。」或是跟其他部門的人起了爭執時，上司不幫我說話，我就會很氣，覺得「為這種人賣命不值得」。

每天我都在抱怨自己的處境，滿肚子怒氣。只要稍有不順，我就會怪別人、怪環境，一直過著憤世嫉俗的生活。我是典型的「輸給怒氣的人」。

就在我三十二歲的時候，我學到了「怒氣管理」，經由實踐，我改變了我的命運。

所以，我打從心底感謝怒氣管理。

當然，一路以來我還是會有火大、生氣的時候。

比方說，來採訪我的人盡問一些旁枝末節的問題，這時我就會很火大：「要來之前，你嘛做一下功課。」可是，想到還要跟這間公司合作，只能隱忍不發，就怕以後有好的企劃都不找我了。

現在，我已經能夠打從心底心平氣和，以「活用怒氣」的角度去思考這種問題：「對方應該讓我看到跟他們合作的價值才對。」接著，我會以積極的態度，改善彼此的溝通與合作關係。

跟以前輸給怒氣的我相比，雖然生活中同樣會感到生氣，反應和表現卻已大不相同。

我敢說，我的人生已經徹底改變。

衷心希望，這本書能對您有所啟發，讓您也「成為活用怒氣的人」。

安藤俊介

國家圖書館出版品預行編目(CIP)資料

輸給怒氣的人：活用怒氣的人 / 安藤俊介著；
婁美蓮譯 . -- 初版 . -- 新北市 : 方舟文化出版 :
遠足文化發行 , 2018.01
面；　公分 . -- (職場方舟 ; 4)
ISBN 978-986-95815-2-3(平裝)

1. 憤怒 2. 情緒管理 3. 職場成功法
176.56　　　106023173

職場方舟 004

輸給怒氣的人 活用怒氣的人

作　　者｜安藤俊介　　譯　　者｜婁美蓮
內頁設計｜黃鈺涵　　封面設計｜比比司工作室
特約主編｜唐芩

總 編 輯｜林淑雯
社　　長｜郭重興
發行人兼出版總監｜曾大福
出 版 者｜方舟文化/遠足文化事業股份有限公司
發　　行｜遠足文化事業股份有限公司
231 新北市新店區民權路 108-2 號 9 樓
電話 (02)2218-1417．傳真 (02)2218-8057
劃撥帳號 19504465．戶名　遠足文化事業有限公司
客服專線　0800-221-029
E-MAIL　service@bookrep.com.tw
網站　www.bookrep.com.tw

印　　製｜通南彩印股份有限公司 電話：(02)2221-3532
法律顧問｜華洋法律事務所　蘇文生律師
定　　價｜300 元
初版一刷｜2018 年 1 月
初版二刷｜2019 年 10 月